ちょっとほのぼのする昔ばなし

小沢 さとし

絵・橋爪 まんぷ

ほおずき書籍

ちょっとほのぼのする昔ばなし／目　次

第一章
笑える話

屏風と戯れ、嫁を焼く

しっかり者の嫁と、愚かな婿がひょっとした縁で結ばれて結婚した。それでも二人は仲よく暮らしていた。

ある日、婿は結婚以来、初めて、しかも一人で妻の実家を訪れた。妻の実家では娘の婿が来るというので、大いに歓迎してくれた。夜寝るときには、寒いといけないからと、わざわざ屏風まで立ててくれた。しかし婿は屏風というものを見たことがなかったから、屏風がなんのためにあるのかも知らぬまま床に入った。婿は何しろ寝相が悪かったので、夜中に寝返りを打つたびに、屏風を倒してしまっていた。そのたびに起きて屏風を元通りに立てようとするが、屏風はくねくねと曲がってうまく立てられない。やっとのことで立てて眠るとまた蹴飛ばしてしまう。そんなことを繰り返しているうちに、とうとう朝になってしまった。

寝不足のまま朝になって、婿は屏風を恨めしげに見ていたが、ふと嫁が「私の実家へ行って、もし何かわからないことがあったら、家の者に遠慮なくどんどん聞いてください」と言っていたことを思い出した。そこで朝食のとき、義理の父親に「私が寝ていた部屋に立っている、あれはいったい何ですか？」とたずねた。ちょうどそのとき、婿が寝た部屋では、娘の千代が婿の寝た布団を片付けていたので、父親は、てっきり娘の名前を聞かれたものと思って「ああ、千代というんだが」と答えた。「ああ、千代というのですか、あの千代が、いつも私の寝ているそばにいて、あっちへごろり、こっちへごろりと、一晩中やっているので、そのたびに千代をかまっていて、とうとう眠れずに朝になってしまいました」とやり切れなさそうに言った。

それを聞いて、家の者たちはシーンとみんな黙りこんでしまった。

またあるときは、嫁が用事で四、五日家を空けることになった。そこで嫁が「留守中に客が来たら、こう答えるように」と、客に伝えることを愚かな婿によく言い聞かせたうえで、さらに忘れたときの用心にと、紙にも書いておいて出かけた。

ものを覚えるのが大の苦手な婿は、忘れては大変と、何度も読み返していた。しかし、三日経っても四日が過ぎても、心配した客はやってこなかった。嫁が帰ってくるのも間近になったことで、婿はすっかり安心して（やれやれ客はもう来ないだろう）と判断して、嫁が書き置いてくれた面倒な紙を焼き捨ててしまった。ところが次の日、ひょっこり、まさかの客が来てしまった。客は婿に「奥さんはどうしました？」と聞いた。婿は覚えておいた文言をすっかり忘れてしまったうえに、肝心の文言を書いた紙を焼いてしまったため、しかたなく「なくなってしまいました」と答えた。「亡くなった」と聞いて客は驚いて「いつ亡くなったのですか？」と聞くので婿は正直に「昨夜、焼いてしまいました」と答えた。客は「それはお気の毒に、それでは、お線香だけでもあげさせてください」と仏壇の前に座って深々と頭を下げて、帰りがけにもう一度深々と頭を下げて、そっと帰っていった。

【ひと口メモ】

この話の前半は、一般には「ひっぱり屏風」とか「ひっぱり屏風投げ団子」という話です。主に東北地方では、愚かな婿の話となっています。また、西日本などでは、愚か村の人たちが、伊勢見物や江戸見物の際の話となっていたりします。全国的に知られているものですが、山奥などに住んでいて情報不足の婿が失敗したり、言葉を誤解したりしての失敗話ということで、各地でさまざまな失敗話や、誤解話を織りこんで、いろいろな内容になっています。また、この話だけでは物足りなくて、ほかの話と結合させて、新たな話となっているものもあります。いずれにしても、言葉遊び的な、軽い笑い話ではありますが、きわどい危険性をはらんでいるところが注目です。

おとぼけ爺さま

昔、ほんとうの名は誰も知らなかったが「おとぼけ爺」という呼び名で知られていた爺さまがいた。おとぼけ爺さまは、七、八人の集落仲間といっしょに山小屋に寝泊りして、炭を焼いたり、焼き畑を耕して、いろいろな穀物や野菜を作ったりしていた。爺さまはとにかく変わり者だったが、山小屋ではけっこう人気者だった。

ある日、仲間たちが仕事を早めに切り上げて、爺さまに内緒でいつもより早めに昼飯を食べに小屋に戻って、昼を過ごしていると、だいぶ遅くにやっと爺さまが帰ってきた。仲間が「爺さまや、今まで何してただね？」と聞くと「なに、途中でとても珍しい面白いものを見ていたものだから……」と言う。仲間がすかさず「いったい、何を見たというんだい？」とつめ寄ると、「お前さんがたも聞いたことがあるじゃろうが、そら、ヘビに似てヘビにあらず、生きものにして動物にあらずという、なんとも不思議なノヅチというものがおったのさ、両脇に頭があって、手も足もないが、坂道を変な格好で歩くが……その格好の、また面白いこと」と手まね足まねを入れて話した。

「たしかに、わしもそのノヅチという変わった生きものがいると聞いたことがあるが、ほんとうにそのノヅチがいたのかね？　そのノヅチはまだそこにいるのだろうか？　もしいるのなら、見たいものだ」と仲間の一人が目を輝かせた。「ほんの今しがた見たものだ。まだどこへも行くまいに」「それなら、ぜひそこへ連れていっておくれや」爺さまの話に、すっかり引きこまれた仲間たちは、さっそく、爺さまの後について山道を歩いていった。しばらく行くと爺さまが草の中を指さして、「ほら、そこに見えるじゃろうが……」と言うが、それらしきものは見えない。「ほら、これじゃよ」と言いながら爺さまは棒切れで草むらの中を一突きすると、古ぼけた小さなコヅチ（小槌）が、コロリン、コロリンとおかしな格好で転がり出てきた。「それ、野から出てきた、ノヅチ（野槌）じゃ、よく見なされ」と言って、爺さまはカラン、カランと笑いこけた。仲間のみんなは、内心では怒り心頭に発していたが、確かにノヅチに違いないことでもあり、どうしようもなく爺さまといっしょに笑うしかなかった。仲間はみんな（もう二度と爺さまにはだまされないぞ）としっかり心に決めて、来た道を引き返していった。

それから、しばらくしたある秋の日、爺さまが仲間たちと小屋の外でナタを研いでいたが、「あれ、こりゃあ大変じゃ、あの木の上に大きなクマがいる」と言って木の上を見上げている。仲間が見ると、確かに大きな柿の木の上に大きなクマが立っている。「こりゃあ大変だ、柿をみんな食われてしまう」と言って、一人の仲間が急いで銃を持ってきて大クマめがけて、二発、三発と撃ちこんだが、そのたびにわずかに煙が立つだけで、まったく手ごたえがなかった。不思議に思って近づいてみると、なんと、クマと思っていたのは、真っ黒にすすけたムシロが、木に吊るしてあっただけだった。「いったい、誰がこんな人騒がせなことをしたのだ？」と、爺さまは口で怒って、腹の中で笑っていた。

【ひと口メモ】

おとぼけ爺さまの本領がいかんなく発揮されています。爺さまのおとぼけにだまされ続けている仲間たちも、何度だまされても、どうしても爺さまを憎めない、というより、そのたびに爺さまはみんなの人気者になっていくという、楽しい話です。昔話には、このようなおとぼけ者がよく顔を出しますが、おとぼけのなかにしっかり計算されたカラクリが隠されていて、ときには詐欺まがいの行為をしても、それでも憎まれないという技?を身につけているのが特徴です。

だまし合い

昔、信濃の国から京の都を目指して旅を続けている男がいた。夕方になって、近江の山にさしかかったときに、あいにく雨が降りだしてしまった。山道ということで、雨宿りする家も見当たらなかった。困っていると、行く手に古塚のようなものが見えた。近づいてみると、塚の横にほどよい穴があいている。(昔、死人でも葬った墓場だろうか?)なんとなく、気は進まなかったが、そのままではぬれねずみになってしまう。旅人は何はともあれ急いで穴に入りこむしかなかった。穴の口は狭かったが、入ってみると中は意外に奥深く、結構広い穴になっていた。一息ついているうちに、辺りは真っ暗になってしまっていた。しかし、雨は一向にやむ気配がなかった。もう、暗闇の穴の中で夜を明かすしかなくなってしまった。そこで信濃の旅人は、こんな目に遭うことが多かったので、万一のことを考えて、いつも鬼の面を持ち歩いていた。(こんなときには、また誰かが雨宿りに入ってくるかもしれない。恐ろしい者だったら……)と信濃の旅人は、念のために鬼の面をかぶった。そのとたんに急に腹の虫が鳴きはじめた。そんなとき、どこからか足音が聞こえてきた。足音はだんだん近づいてくる。(しまった、やはり誰かが入ってくる。山賊か天狗か……とんでもないことになってしまった）と震える間もなく、誰かが入ってきて、ドサッと荷物を下ろす音が聞こえた。それから、誰かが座った気配がした。（フー、どうやら鬼や天狗ではないらしい）とホッとしていると、「私は飛騨からの旅の者です、雨に降られて困っていますので一夜の宿をお借りいたします。供物をお供えいたしますゆえ……」と言って、飛騨の男が何かを暗闇の中へ置いたようだ。（なんだろうお供物とは……）と、鬼の面をかぶった信濃の男がそっとさわってみると、やわらかな餅が三つ置いてあった。（これはしめしめ）と手を伸ばして、三つともペロリと食べてしまった。飛騨からの旅人は、そうとは知らずに「神さま、召し上がりましたら、おさがりを頂戴いたします」と、餅を取ろうと手を伸ばしたが、餅が消えてしまっていた。「これはいったいどうしたというのだ、まさか……」と辺りを見渡すと、すぐ近くに鬼がにらんでいる。「ヒエー鬼だ……この穴には鬼がいる」男は恐怖の声を発して荷物を置いたまま一目散に走って逃げていってしまった。「臆病なやつだ、鬼の面とは知らずに逃げていったわい。ばかなやつだ」と言いながら、鬼の面を取って男の置いていった荷物をよく見ると鹿の革で作った大きな袋に、何やら高価なものがいっぱいに詰まっているようでずっしり重い。（中にはかなり貴重なものが入っているに違いないフフフ）男は素早くその袋をわしづかみにして、逃げていった男とは反対の方へ全力で走っていった。雨の中をかなり走ったところで、男はようやく足を止めた。（まさか、あの旅人も、ここまでは追っ

てはこまい。鬼におびえて逃げたのだ、鬼のところへ戻るわけもない……）男は安心してワクワクしながら袋を開けてみた。なんと中には瀬戸物のかけらやワラくずが入っているだけだった。中に一通の手紙が入っていた。封を開けてみると、「がっかりしたことだろう。こんなこともあろうかと思って、この袋を用意したのだ。悪いことはやめて真面目に働け」とあった。（なんといまいましいやつか）と男はがっかりしたが、自分も鬼の面で相手をだましたこともあって、（まあ、仕方がないことだ。見事に相手をだますことができたのだから……）と、気を取り直してまた雨の中を、旅を続けた。

【ひと口メモ】

お互いのだまし合いで引き分けのような話ですが、お互いに相手を見事にだましたということでまあ満足したことでしょう。旅道中の楽しみともいえる話です。昔は貴族でも旅に出たら草葺の小屋を作ってそこで寝起きをしながら旅をしました。平安時代に入っても身分の低い人々は運良く農家に泊めてもらうか、お寺の軒下、辻堂などで休めれば上々といった時代でした。そんな時代でしたから、一つのお堂に二人が入りこむということも珍しいことではありませんでした。

逃げ場を失った高僧

昔、あるところに格式のある立派な福徳寺というお寺があった。その寺に隠平という高貴な僧侶がいた。学問を究めた立派な和尚だったが、「女好き」というただ一つの致命的な欠点があった。何しろ和尚は自分の好みの女性を見ると、すぐに惚れこんでしまうということだった。そんなことで、この和尚が檀家の呉服商の妻とねんごろになってしまった。呉服商の妻も男好きで、夫が留守の間、毎日退屈していたこともあって、あまり好かない和尚だったが、それでも憎からず思っており、夫が商用であちこちと旅をしている間、夜な夜な自分の屋敷へ僧侶の隠平を引き入れていた。

ある日、商売の旅に行っていた夫が、予定より早く帰ってきてしまった。その日も和尚は呉服屋の妻のもとに来ていたが、たまたま急用ができて不本意ながら帰ろうと、門の所へ出てきたときだったので、なんとか言い逃れができた。しかし、夫は妻が和尚とねんごろになっていると確信した。(今に見てろ、坊主めをとっちめてやるから……)と、夫は平気な顔をして、密かにチャンスを待っていた。夫はしばらくは商売に出ずに家にいた。こっそり会う機会がなかなかやってこない和尚と呉服商の妻は、どちらも欲求不満がたまってイライラの毎日が続いていた。そんなとき、呉服商の夫が久方ぶりに商売に出かけることになった。イライラが溜まりに溜まっていた妻は、さっそく和尚を家に招き入れた。和尚は一目散に妻の寝所にもぐりこんだ。ところが、突然夫が帰ってきてしまった。びっくり仰天、うろたえた妻は、仕方なく和尚をそばにあった唐櫃の中へ押しこんで、鍵をかけた。夫は家に帰ってみると、妻のようすがおかしい、妙にそわそわしている。(やっぱり坊主を引き入れたな)と、部屋の中をよく見ると、普段は鍵のかかっていない唐櫃に鍵がかかっている。(ははん、あの中に隠れたか)夫は何食わぬ顔をして、「さっそくだが、いつもお世話になっている福徳寺に供物を届けるのを忘れていた」と言って、使用人を呼んで、唐櫃を荷車に積んだ。空のはずの唐櫃が重かったので、夫は福徳寺の和尚が中に隠れていることを確信して、「してやったり」と手を打った。唐櫃を荷車に積んで福徳寺の本堂に運びこんで夫は、出てきた小僧に「いつも世話になっている呉服屋ですが、今日は日頃の読経料のかわりに供物をお持ちしました。和尚さまはおいでかな?」と笑みを浮かべながら聞くと、「あいにく、和尚さまはお出かけで留守ですが……」と言う。「こんな夜にお出かけとは夜のお勉強かな?」「……」「困ったものだ。和尚さまに確認していただかねば……勝手に開けてもらっては困る。とにかくお帰りを待ちましょう。待っても無駄かもしれないが」と夫が勝ち誇ったような顔をしていると、櫃の中から小僧に「わしがいなくてもかまわぬ。この唐櫃を開けることを許す」と、櫃の中から情けない蚊の鳴くような声が聞こえてきた。それを聞いて、小僧がそっと開けると、和尚がひょっこり青ざめた顔を出した。さすがに面目なくなった和尚はこそこそとはいだして、ものも言えず一目散に自室へと逃げこんでしまった。小僧たちも、呉服商の使用人もぽかんと口を開けて見送っているばかりだった。ただ、呉服商の主人だけは満面に笑みを浮かべていた。

【ひと口メモ】

女好きというのは男の本性ですが、それもほどほどでないと問題が起きてしまいます。ここでの話でも、呉服商の夫が、怒りに任せて和尚を殴ったり蹴ったりすれば、傷害罪になって大騒ぎになってしまうところでしたが、素知らぬ顔で和尚を櫃に閉じこめたまま、福徳寺に運んで和尚に恥をかかせて溜飲を下げたのは、実に賢明な方法でした。みんなから尊敬されるはずの僧侶にとって、これ以上の恥はなかったと思います。欲望を抑える理性が必要という話です。

盗人の背で月見酒

昔、全国を行脚している年老いた僧侶がいた。立派な身なりの僧侶は信濃の国にやってきた。せっかく信濃路に足を運んだのだからということで、善光寺に立ち寄ることにした。参拝を終えて善光寺を後にしたが、すでに辺りは夜のとばりが降りていた。僧侶はさすがに疲れが出て、路傍の石に腰かけて休んでいた。「やれやれ、すっかり夜になってしまった」と、空を見ると、早くも空には十五夜のような丸い月が浮いていた。僧侶がじっと月に見とれていると、どこから現れたのか、頑丈そうな体をした男が、僧侶の前にやってきて、「お見かけしたところ、だいぶお疲れのようですなあ、ひとつわしが負ぶっていってやろう、どうだね？」と親切に言う。老僧は確かに疲れきっていたが、、特に行く先も決めていなかったので、「いや、それはありがたいことです、すっかり疲れてしまいました。お言葉に甘えて負ぶっていただきましょう」と、男の背に身を委ねた。男は（なんと軽い老人だろうか）と思いながら、「ところでどちらに帰るんだね？」と聞いた。老僧は「いや、ちょっと先までだが」と、適当に南を指さした。「よし、わかった、行くぞ」男は年老いた僧侶を軽々と背負って走りだした。ところが男は、老僧の言った南の方角とはまるで違う北の方向へと走りだした。

「おいおい、そっちではない。方角が違うではないか」と老僧が言うと、「なに、今日は満月で月がきれいだから、ちょっと月見ヶ池へ寄ってみましょうや」と言って、どんどん人通りのない方へと走っていく。(まあ、急ぐ旅ではない。月見もよかろう)老僧はそう思って、男に身を任せた。男はしばらく無言で歩いていたが、やがて静かな山ぎわの松林に入ると、急にドスのきいた声で、「やいやい、いつまでもいい気でいるんじゃねえ、さあ降りて懐中のものはもちろん、身ぐるみ全部置いていけ」と言いながら、老僧を背から降ろそうとした。ところが老僧は男の背から降りようとしなかった。それどころか、両脚にグッと力を入れて男の胴体を締め上げた。「いてててて……痛い……何をする」男が顔をしかめた。「そんなことかと思っ

ていた。この盗人め、わしはまだまだ降りる気はない。今夜はお前の背の上で、ゆっくり月見をさせてもらおうか」と老僧は、その老体からは想像できない強烈な脚力で盗人男を締めつけた。「さあ、言うとおりに歩け」老僧は武道で鍛えた力で、盗人の腹をまた締めつけた。盗人はたまらず歩きだした。「よし、月がきれいな月見ヶ池の岸へ行け」老僧は、脚の力を緩めることなく盗人の背に乗ったまま、男を月見ヶ池のほとりまで歩かせた。月見ヶ池の水面には、満月が美しく、金の盃を浮かべたように光っていた。「いや、実にいい眺めではないか。ただ眺めているだけではつまらん」と言って、腰にぶらさげていた酒の筒を取ると、ちびり、ちびりと酒を飲み始めた。盗人が隙を見て逃げだそうとすると、老僧はものすごい力で盗人を締めつける。こうして、盗人はあっちへこっちへと引っぱり回されて、夜明けになってやっと解放されたが、頑丈な体の盗人もさすがに疲れきってその場に倒れこんでしまった。

【ひと口メモ】

頑丈そうな盗人が、痩せていかにも弱そうな老いた僧侶に手玉にとられてしまうという、意外性を主題にした面白い話です。人は見かけによらないということです。この話は、子どもの頃、『アラビアンナイト』の子ども版で見たことを記憶しています。若者がやはり老人を背負って、さんざん歩かされる、というシーンがありました。さらに、同じ趣旨の話として『今昔物語集』（巻二十三の十九話）にも、「比叡山の実因僧都の強力のこと」として出ています。『アラビアンナイト』と『今昔物語集』との関連も興味がわきます。

転んでもただでは起きない男

昔、信濃の国に藤原陳忠《ふじわらのぶただ》という欲の深い国司がいた。その陳忠が信濃の国の国司に任ぜられていた四年の任期が終わって、都へ引き上げることになった。旅仕度を整え、領民から召し上げたり、掠め取ったりした山ほどの品々を、たくさんの馬の背にくくりつけて、陳忠自身も馬にゆられて京に向かって出発した。長い行列がやがて国境の御坂峠にさしかかったとき、(あ、危ない!)と思う間もなく、陳忠の乗った馬が桟道で脚を踏み外してバランスをくずした。そのため陳忠は、まっさかさまに深い谷底へと転落してしまった。

一行は、突然のことで、びっくり仰天してしまった。供の者がこわごわ谷をのぞくと、檜や杉の大木が生い茂って、谷底もうかがえないような深い谷だった。「こんな深い谷では生きてはいないでしょう」と、みんなはあきらめた。「これではお助けするどころか、ご遺体を運び上げることもできまい、この深さでは下へ降りることもできまい」「そうはいっても、国司殿の亡がらを探しもしないで都へ戻ることもできないだろう。もしかしたら、重傷を負いながらもまだ生きておられるかもしれない……」「それもそうだ、とにかく下に降りる小道でも見つけだそうじゃないか」そんなことを言いながら、みんなが迷っていると、「おー

い、おーい」と、陳忠の声が聞こえてきた。みんなが耳を澄ますと間違いなく陳忠の声だった。「フー、国司殿は生きておられたのだ」みんながホッとして顔を見合わせていると、「おーい、大きなカゴに綱をつけて谷底の方に落とせ」と谷底から声がした。「なるほど、カゴに乗ってのぼってくるおつもりだ。それにしても、なんとまあ運のお強いお方だ。深い谷底に落ちて死なずに済んだとはなあ」みんなは内心ではあきれかえりながら、籐づるで大きなカゴを作って、言われたとおり長い綱を結んで下へ降ろした。

しばらくすると「おーい、引き上げろ」と言うので、みんなで力いっぱい引き上げたが、軽々と上がってきた。カゴの中には見事なヒラタケというキノコがいっぱいに入っていた。みんながあっけにとられていると、また「おーい、もう一度カゴを降ろせ！」と大声で叫ぶ陳忠の声が聞こえてきた。そこでまたカゴを降ろしてしばらくすると「おーい、カゴを上げろ」と。急いで綱を引き上げると、今度はかなり重い。みんなで引き上げてみると、陳忠が片手で綱を持ち、片手にはいっぱいのヒラタケをつかみ、さらに懐にもいっぱいのヒラタケを押し込んで、意気揚々とのぼってきた。見るとかすり傷ひとつ負っていない。みんなはびっくり仰天。「いったい、どういう落ち方をされたのです？　それにこのヒラタケは？」と聞くと、「そのことじゃ、谷に落ちていく途中に大きな木の枝が目の前に垂れ下がっていたので、とっさにその枝につかまって命拾いをしたが、その木にヒラタケがびっしり生えていたのだ。おかげでこんなにヒラタケが手に入ったのだ」「へええ……」みんながびっくりしていると、「残念なのは、まだたくさんヒラタケが生えていたのに、みすみす取り残してきたことだ。まったく惜しいことをした」と言ってくやしがった。これには一同、開いた口がふさがらず、後ろを向きペロリと舌を出した。

【ひと口メモ】

この話は『今昔物語集』に見える、よく知られている話です。みんなに心配をかけたうえ、自分の命が助かったというのに、まったくそのことには触れずに、誇らしげにヒラタケを見せる国司にみんなはがっかりしてしまったのでしょう。国司が領民から税として召し上げた物産や、米を中心とする穀物類などは、決められた量だけ都へ送ればあとは国司らの所得になりました。それでこの話の国司のように、搾り取れるだけ搾り取ってしまえば、それがすべて自分のものになりました。こうした役所の汚職の構造は今でも受け継がれているようですね。

世界一のあわて者

昔、あるところに想像を絶するあわて者の男がいた。

あまりにもあわて者なので、女房が心配して、「お前さん、一度信心でもしてみたら、そのあわてぐせが直るかもしれないに」とすすめると男はすぐにその気になった。「うんうん、それでは明日、町の明神さまへお参りに行くことにしよう」と、さっそくあれこれと仕度を始めて「明日の朝は早く家を出るに、ちゃんと弁当を用意しておいてくれ」と早口で言うと、まだ宵の口だというのにグーグーいびきをかいて寝てしまった。それを見て女房はあされたが、別に悪いことでもないし、自分がすすめたことだからと、弁当や着物などしっかり用意しておいた。

さて次の朝、まだ夜が明けないというのに、男はパッととび起きて、「ああ寝過ごした、すっかり寝過ごしてしまった」と、顔を洗うのもそこそこに朝食を食べるのも忘れて家を飛び出した。途中で「そうだ、そうだ、弁当、弁当を忘れた」と気づいて、あわてて家に戻ったが、運悪く女房の姿が見えない。仕方なくあちこち見回して弁当らしいものを見つけると、それを急いで腰に結びつけて、また家を飛び出した。男は大急ぎで走るように歩いて、ちょうど昼頃に明神さまに着いた。さっそくお賽銭を投げようと、針金の輪に通した一文銭十枚から一文だけを抜き取って右手に持った。そして、いざ賽銭箱へ投げ入れようとして、なんとしたことか、誤って左手に持っていた九文の輪のほうを投げ入れてしまった。「しまった」と男は思わず叫んだが、後の祭りだった。

男は九文をお賽銭にあげたことは惜しくはなかったが、手持ちが一文とあってはなんとしても心細い。そう思うと急に腹が減ってきた。「金はなくなったが弁当だけはしっかり持ってきたで、まあ、ゆっくり弁当でも食べることにしよう」と、境内の木陰で風呂敷をほどいてみると、なんと弁当と思って持ってきたのは枕だった。「なんということだ、ちゃんと弁当を用意しておけとしっかり言っておいたのに」と、自分のそそっかしさは棚に上げて女房のせいにして、男はプンプンと腹を立てた。「こうなったら仕方ない、一文で餅を一つ買って腹に入れるしかあるまい」と餅屋に来てみると、「大餅二文・小餅一文」とあった。どうしても大餅が欲しい男は、一文を机の上に置くと「これをもらっていくで、銭はここに置いておく」と言うが早いか二文の大餅を手にして、一目散に走りだした。しかし、その大餅は宣伝のためのもので、蝋で作った餅だった。これではとても食べるわけにはいかない。男はいよいよ怒り心頭に発した。「ええい、いまいましいカカアのやつ、帰ったら思いきりぶん殴ってやる」と頭から湯気を出して急いで家に帰った。

男は家に着くや、草鞋をはいたまま部屋を駆け上がって、有無を言わせず女房を二度三度殴りたおした、と思った。しかし、なんとそれは隣りのおかみさんだった。

想像を絶するあわて者の男は、自分の家でさえ間違えてしまったのだった。

【ひと口メモ】

あわて者も、これだけのあわて者はめったにいないでしょう。よく知られた話に「あわて者の使い」があります。行き先だけを聞いて、用件を聞かないまま家を飛び出していく人の話です。またこの話のもとになった話に「粗忽物兵衛」があります。さらに落語にも「粗忽の使者」として似た話がありま す。さらに、ちょっと雰囲気は違いますが、「愚かな婿（嫁）」の話も同類の笑い話と思います。

失敗した禁酒

昔、飯田の惣兵衛は、傘を作ったり修理したりして暮らしていたが、大変酒好きな男だった。毎晩仕事を終えてから、酒を飲むのが何よりも楽しみで暮らしていた。貧乏暮らしだったので、一度にたくさんの酒は買えなかったが女房は、毎晩徳利を持って十文分の酒を買いに行っていた。もっともっと飲みたい惣兵衛だったが、十文分の酒を飲んであきらめて寝るしかなかった。惣兵衛は知らなかったが、女房は毎日十文の酒を買わずに、八文分だけ買って、二文はしっかり貯めていた。

こんな暮らしをしている間に、その年も大晦日が迫ってきた。その頃になると、惣兵衛は急に元気がなくなって傘作りの手も進まなくなってしまう。借金取りがやってくるからだった。惣兵衛はいろいろと策を考えてみたが、どうしてもよい考えが浮かばなかった。女房が心配して「この頃浮かぬ顔をしていますが、どうしたのです?」と聞くと、「借金取りが来るだろう。どうしたらよかろう。少しまとまった金があるといいんだが……」と言うと、「少しまとまった金ならありますよ」と言って、女房はかねて二文ずつ貯めていた酒代のお金を出してあげた。それを見た惣兵衛が驚いて「そんな金をどうしてお前が持っていたのか?」

と聞くと、「こんなこともあろうかと思って、あんたが毎晩飲みなさる十文の酒代から、二文ずつ貯めておいたのです」と貯めておいたお金を惣兵衛に渡した。困っていた惣兵衛だったので、喜びようは大変なものだった。
「わずか二文を貯めただけで、こんなになるのなら、酒をやめればどれだけたくさんの金が貯まるかわからない」と、一大決心をして惣兵衛は大好きな酒をピタリとやめてしまった。それから惣兵衛は、酒を飲まずに我慢に我慢を重ねた。やがて一年が経ち、また大晦日がやってきた。惣兵衛はその日がくるのを指折り数えて待っていた。（毎日酒を飲んでいた頃だって、あれだけたくさん貯めた女房だから、まったく酒を飲まなかった今年は、さぞかしたくさん貯めただろう）と思って女

房が得意顔で話しだすのを心待ちにしていた。
ところが女房はいっこうにその話はしてこない。待ちきれなくなった惣兵衛が「おい、おい、今年はまったく酒を飲まなかったから、かなりの金が貯まっただろう」と聞いた。すると女房は「あんたが酒をやめてしまったから、お酒を買いに行かなくなったでしょう、だから今年は一文も抜き取ることができなかったのよ。今年は何もありません」と素っ気なく言う。それを聞いて惣兵衛は心底がっかりしてしまった。「酒を飲めば金が貯まるが、酒を飲まなければ金は貯まらない、来年は酒を飲まなければ損をしてしまう。来年の目標は酒を飲むことだ」
こうして、惣兵衛は金儲けのために再びしっかり酒を飲むようになった。

【ひと口メモ】

「酒を飲んでいたときのほうが、飲まなかったときより金が貯まった」から「金を貯めるために酒を飲む」と、実にいい理由を考えて、酒を飲むという面白い話です。酒飲みは酒を飲んでいるときがいちばんの幸せなときですから、この惣兵衛はしっかり幸せを握ったということです。「仕事をしっかりやって、そこそこに酒を飲む」これがいちばんいいことでしょう。仕事に励むための酒は百薬の長となりますが、仕事の重荷になるような酒は身を滅ぼすでしょう。

消えたスイカ

昔、夏の暑い最中、荷馬車にいっぱい、珍しいスイカを積んで奈良の産地から京の都に運ぶためにやってきた数人の男たちがいた。その日はとりわけ暑い日で、男たちものどが渇いてどうしようもなかった。みんながどこかで休もうと思っていたところ、ちょうど大きな松の木が大きな日影を作っていた。「おお、ありがたい、涼しそうな日影だ。ここでひと休みしていこうじゃないか」「うん、そうしよう、のどが渇いたし、馬もくたびれたろうに」と、男たちはスイカの入った箱を日影に降ろして、みんな輪になって木陰に座った。「さあ、スイカを食おう、のどがカラカラだ」とさっそく自分たち用に持ってきたスイカにかぶりついた。のどが渇ききっているので、そのスイカのうまいこと、汗が垂れるのもお構いなく、種を吐き散らしながら、夢中でかじりついていると、どこからかみすぼらしい僧侶らしき老人が、小僧を連れてやってきた。麻の一重の着物をひっかけるように着て、よろよろと杖にすがっていた老人は、みんなのそばに来て、スイカを夢中で食べているようすをものほしげに、じっと見ていたが、思い切ったように、「まことに申し訳ないが、手前にそのスイカを一つ、恵んでくれないだろうか。のどが渇いてどうにもならないので……」と頼んだ。「だ

めだ、だめだ」とみんなは、にべもなく断った。「俺たちの分は、もうすっかり食ってしまった。ここに置いてあるのは、頼まれて都へ運ばなくてはならないものだ。お前さんなどにはやれないよ」と冷たい。「そこをなんとか、ひと切れでも」と老僧侶は食い下がったが、「くどいなあ、爺さんにやるスイカなどあるわけがない。さっさと消えちまいな」とあしらわれてしまった。

そんな男たちをにらみつけるように、老人がスッと立ち上がった。「なんと情け知らずの人たちか、年寄りや子どもをあわれむ気持ちもないようじゃ。やむを得ぬ、わしが自分でスイカを作って食べることにしよう」と老僧侶はブツブツ言いながら、柿の木の周りの草陰を棒でつついて歩いた。それを見て「いやーこの暑さで、坊主、気が変になったぜ」とみんながあきれるなか、草にかくれて見えないが、構わずに棒の先で土を掘り続けているようだった。が、もとよりそんなことでは掘ることはできないが、老僧侶は懸命に続けた。老僧侶は、今度はみんなが吐き出したスイカの種を拾い集めて、それをわずかに掘ったであろう土の上に蒔いているようだった。しばらくして、よく見ると、不思議や、みるみるうちに草むらのなかにまるまる実ったスイカが次々に現れた。「いったい、これはなんとしたことか！」とみんなは驚き、ただぽかんとあちこちに姿を現したスイカを見つめている。「この坊さんは、魔法使いか魔物だ」みんなが尻ごみするのを見て、「さあさあ、遠慮はいらぬ、お前さん方も持っていきなされ」と道行く人々にもスイカをどんどん持たせてやった。老僧侶はにこにこ笑いながらスイカを取って口に入れる。男たちも黙って見ているわけにはいかない。夢中で食べた。老僧侶は、それから道行く馬車を呼び止めて、あちこちに転がっているスイカを急いで馬車に載せて、自分も乗せてもらうと、そのまま馬車に揺られていってしまった。この老僧侶が繰り広げた不思議な行動を見ていた男たちはお互いに顔を見やりながら、しばらくぼんやりしていたが、ようやく現実に戻った。「ああうまかった、腹がはちきれそうだ」「俺もだよ」「いやはや、不思議なことが起こったものだ、夢のようだ」「さあ、時間も遅くなってしまった、急いで出かけることにしようや」と、みんながようやく我に帰った。さっそくスイカの入ったカゴを見ると、なんと、どのカゴも空っぽになってしまっていた。「やや、やられた。見事にあのクソ坊主にやられた。あの坊主が、幻術を使ってみんなの目をくらましている間に、小僧が献上のスイカを持ち出して、草むらに転がしたのだ。まんまとやられてしまった」みんなは悔しがったが後の祭りだった。

【ひと口メモ】

平安時代頃の奈良は、京の人たちが食べるスイカの多くを供給していたといいます。そんなことで、奈良はスイカの一大産地となっていました。この話も産地から都へ届ける道中の出来事です。老僧侶と小僧の息がぴたりと合って、種を拾ったり、穴を掘るまねをしたりして、みんなの注意を引いている隙に、小僧が荷台のスイカを素早く草むらの中へ転がして、みんなの目がスイカを積んだ荷車から離れている間の見事な早業でした。欲しがっていた僧侶にたったひと切れのスイカを与えていれば、こんな損害はなかったということです。どんなときでも少しは相手の気持ちになってあげることが大切ということですね。

ネズミの天ぷら

昔、中央アルプス駒ヶ岳の麓に、おしゃれな女ギツネが住んでいた。このキツネは人間になりたいという願望を強く持っていたので、普段は人間の姿になって、〝お岩〟と名乗っていた。

ある時、飯田村の木こりが所用で駒ヶ岳の麓の村を歩いていると、どこからともなく、美しい女が現れて、道づれになった。木こりの男は、今まで見たこともない美女と道づれになれて大喜びだった。いろいろと楽しい話をしながら歩いたが、いよいよ別れる時になって、美女は、「せっかくお知り合いになれたのですから、これからもずっとお付き合いしたいですわ」と、木こりの男に言った。男は「それはありがたいことで、こちらこそお願いしたいものです」と頼んだ。美女は「私はお岩と申します。今度、私の村でお祭りがあります。その日には、ぜひおいでくださいませ、お岩とお尋ねになればすぐわかりますから…」と、木こりに告げて別れた。

いよいよその祭りの日が来たので、木こりは胸をときめかせて、駒ヶ岳の麓の村までやってきた。さっそく村の人に「お岩さんの家はどこにありますかい？」と尋ねると、「そんな家はないが、大岩という岩穴に古ギツネは棲んでいるが…」と、教えてくれた。木こりはがっかりしたが、一応その岩のところに行ってみることにした。来てみると、そこには立派な家が建っていた。木こりが驚いて見ていると、戸が開いて、あの美女が現れた。「よくいらっしゃいましたこと。お待ちしておりました。さあ、中へどうぞ…」木こりは美女に奥座敷に案内された。そこでいろいろな珍しい食べ物や飲み物などの接待を受けて、やわらかい布団の上で、いつの間にか寝ころんでしまった。

翌朝、木こりが目を覚ましてみると、立派な家も座敷も消えて、大きな岩穴の枯葉の上で横たわっていた。かたわらには、丸々太ったキツネがぐっすり眠りこんでいた。木こりはびっくりしたが、せっかく親切にしてくれた女ギツネだったし、あの美女の姿をもう一度見たいと思ったので、「お岩さん、大変お世話になりました。今度はわしの村の祭りに来てもらいたい」と言うと、女ギツネの耳が大きく動いた。

やがて、木こりの村の祭りの日がやってきた。木こりは、美女がキツネだと知っていたので、キツネの大好物、ネズミの天ぷらを作って美女を待った。やがて見事に化けた〝お岩さん〟がやってきた。「楽しみに待っていたよ」と木こりは、お岩さんを家に上げると、さっそくキツネの大好物、ネズミの天ぷらを大きな皿に山盛りにして出した。「まあ、おいしそうなネズミの天ぷらですこと、いただきます」と言って、お岩さんは夢中でむさぼるように食べていたが、しばらくすると急に食べるのをやめて、悲しげな顔で木こりを見つめた。「一体どうなさった？」木こりが聞くと「もう、あなたとのお付き合いはやめにします。こんなにたくさん大好物のネズミの天ぷらを作ってくださったのは嬉しいのですが、あなたは私を人間扱いしてくださらずにキツネ扱いするんですもの」と言うと、キツネの姿になって走るように出て行ってしまった。

【ひと口メモ】

キツネやタヌキが人をだます話は、いくつもありますが、逆に人間がキツネをだます話はあまりありません。この話はその意味で興味深く、また珍しい話です。もともとは江戸・王子の話として有名です。東京も江戸時代はまだ田舎で、王子の辺りには民家もまばらだったといいます。当時、王子稲荷を参拝する人たちの中には人間に化けたキツネの美男美女が多く混じっていて、その近くにある料亭で、飲めや歌えやの大騒ぎをしていったといいます。当時、江戸の王子界隈すら、あまたのキツネがいたことがわかります。

追いはぎの刀

昔、正月を前に、伊那のウキさは困っていた。年末になると借金取りがやってくるからだった。ウキさは、なんとか無事に年越しのできる方法を寝ころんで考えていた。しかし間もなく、すっと立ち上がって、何を思ったのか家の屋根瓦をはがして、それを石にたたきつけて割り始めた。異様な物音に驚いた女房が飛び出してきて、「お前さん、何をするの、家を壊すつもりなの？」顔色を変えて女房が言うと、「何を言っておる、年末ではないか、金を作らねば……年末になると峠の辺りに侍のような追いはぎが出るっちゅうことは知っているだろうに、そいつは落ちぶれた侍のようだが、威厳だけは持っていて、いつも立派な刀を二本、腰に差しているっちゅうことだ。その刀を奪って売れば、いい正月になる」ウキさはニヤリと笑ったが、女房はわけがわからず、「瓦でどうするのです？」と聞いた。「瓦が御用金になるのさ、これを立派な箱に入れて御用金に……」と妙なことを言う。女房は心配このうえもないという顔で、「よくわからない……それなら、わざわざ瓦を使わなくても石ころでいいでしょう……刀二本は欲しいけど、相手は落ちぶれていても侍だよ、お前さんのほうが切られてしまうじゃないか」と言うと、「心配には及ばない。まあ見ておればよい」と、

ウキさは手を休めないで、瓦を割り続けている。言い出したら聞かないウキさだったので、女房はそれ以上は言わなかった。

ウキさは、打ち砕いた瓦の切れ端を木箱に詰めて、字の上手な近所の隠居爺さんに頼んで和紙に《御用金》と太い字で書いてもらった。その和紙を箱に貼って、それを背負って峠に向かった。峠の林の中で追いはぎが来るのを待っていたが、なかなか現れなかった。（やっぱり昼間は来ないのか……）と思って、ウキさがごろりと横になったとき、ノッソリ、ノッソリと、大男がキョロキョロ目を動かしながら峠道を下りてきた。それを見ると、ウキさは急いで道に出て、峠道を登りはじめた。ウキさが大男とすれ違ったとき、「おいおい、お前、ちょっと待て」と、大男が声をかけた。ウキさは心の中でニヤリと笑った。「その荷物の中身は何だ」と、大男はウキさが重そうに背負っている大きな箱が気になった。「はいはい、これは藩の殿さまに届ける御用金で……」御用金と聞いて、大男の目が光った。「ほう、そうか、見たところ、お前はだいぶ疲れているな……よし、俺が持ってやる」「いやそれは……」「俺のことが怪しいと思っているのか……俺を疑うなら俺のこの二本の刀はお前が持ってくれ、それなら安心だろう」と言って大男は腰の二刀をウキさに渡して、大きな箱をかついだ。「御用金というのは重いなあ」「それはもう金貨がぎっしり……」とウキさが言い終わるまでもなく、大男は急ぎ足でどんどん今度は峠に向かって走るように歩きだした。ウキさは笑いを我慢して「旦那さん、そんなに速く歩かないで……ああ速い……」と大声で言いながら、二刀をしっかり持ってだんだん大男から離れて林の奥深くへと離れていってしまった。

【ひと口メモ】

この話も「おどけ者話」とか「とんち話」といわれる話で、笑い話といってもいい話です。ここでもウキさは、普通の人間ではとうてい考えつかないとんでもない方法を考えて、見事に成功させています。しかしこの行為は犯罪すれすれな行為ですが、どちらかといえば、人々はウキさの行為を責めるのではなく、むしろ「あっぱれ」としています。昔話の「おどけ者」が相手の鼻をあかすのは、疎ましく思ったり、嫌ったりしている相手をやりこめる、という場合が多いので、悪さをしながらも憎まれずにむしろ好かれる存在になっています。

おいてけ堀《ぼり》

昔、ある町はずれの山裾に、大きな堀があった。その堀には魚がいっぱい泳いでいた。人々はその堀で魚を釣るのを楽しみにしていたが、いつの頃からか、変な噂がたち始めた。それは、誰かが魚を釣って、いざ帰ろうとすると、堀の中から「今釣った魚を、おいてけ、おいてけ」と不気味な声がするという。そんな噂が広がって、今では恐れをなして誰も堀で釣りをする者はいなくなってしまった。

そんなとき、噂を聞いた男が「せっかく釣った魚をおいていけとは、けしからん。だいいち誰もいない堀で誰が魚を取っていくというのだ。わしがその正体を突き止めてやろうじゃないか」と、ある日、釣竿を持って堀へ行った。しかし、この男、普段はまるっきりの臆病者で、ねずみを見ても逃げ出してしまうというほどだった。みんなに「臆病者」とレッテルを貼られていたので、なんとか勇気ある男と言われたいと思っていたので、やせ我慢をしてやってきたのだった。

男は、恐怖をこらえて釣り糸を垂れた。その途端にいい形の魚が釣れた。その後も次々に釣れて、男はいつの間にか恐怖を忘れて夢中で釣り続けた。夕方になって気がつくと、ビクはいっぱいになってしまっていた。「こんなに魚が釣れるとは思わなかった」男はどっしりと重くなったビクを持って帰ろうとすると、「釣った魚は、そこへおいてけ、おいてけー」というなんとも薄気味悪い声が聞こえてきた。その声を聞いたとたんに、男はブルブルと震えてしまった。しかし男は（ここでおいて帰ってしまってはみんなにまた笑われる）と、魚の入ったビクをしっかり抱きかかえて、必死に逃げ出した。息が止まるほど逃げて、どうにか逃げおおせたと思って立ち止まると、目の前にある柳の木の下に若い女が背を向けてたたずんでいた。男が近づくと女が「その魚をみんな売ってくれませんか？」と言う。男は（ここで売ってしまったら、魚をおいて逃げてきたと思われてしまう）と思い、「何を言う。お化けが出ると

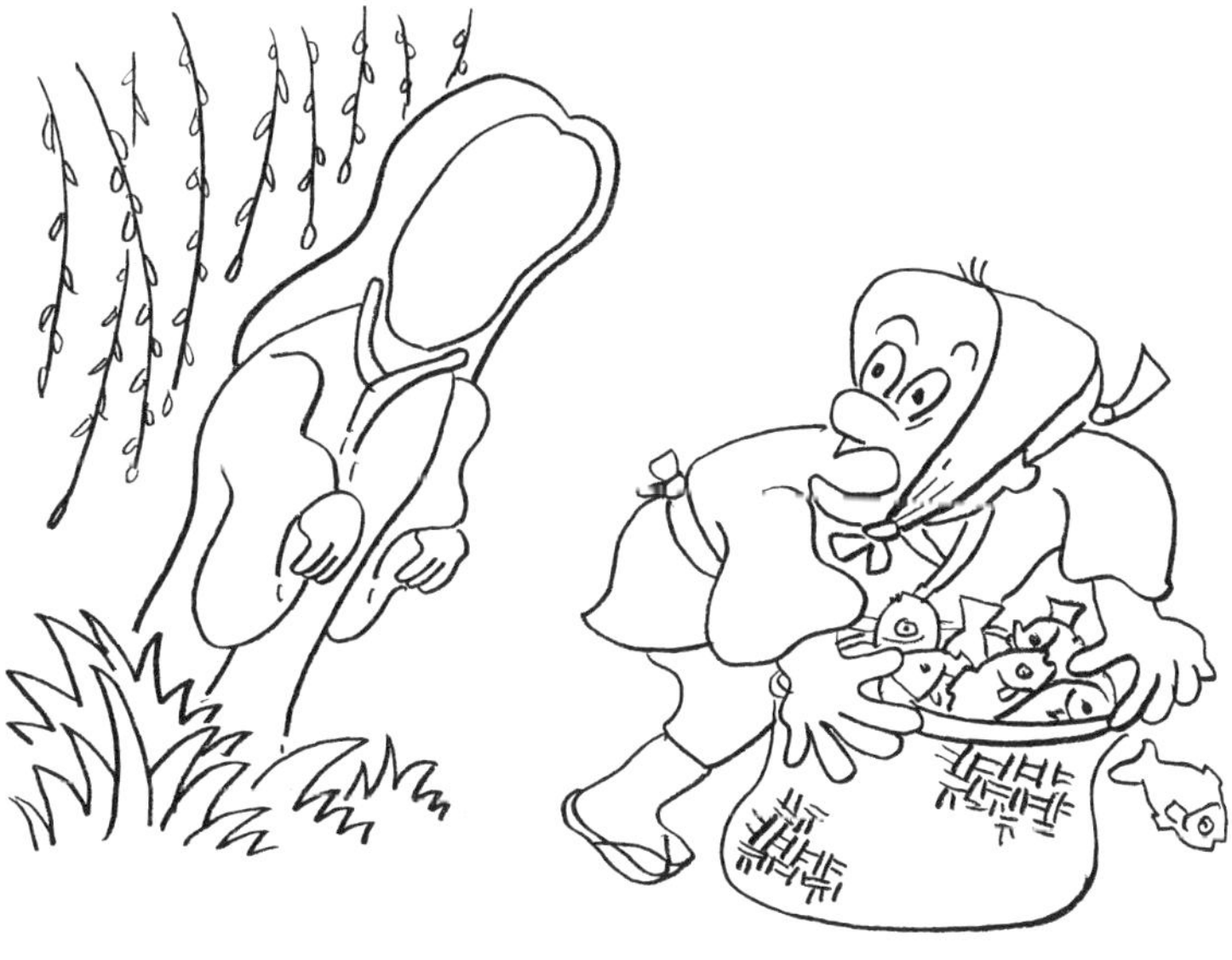

いう堀で、お化けを散らせて釣った、大事な魚を売れるものかい」と、威勢よく言った。すると女は「そのお化けはこんな顔だったかね」と、振り向いた。なんとその顔は、目も鼻も口もないノッペラボーだった。「ヒエー」男は、魚をみんなばらまいて、必死に逃げ出した。どのくらい逃げたのか、どうやら恐ろしい声も届かないところまで逃げてきた。男がふと見ると、前方にお茶屋の灯が見えた。「ああ、助かった……」男は、お茶屋に飛び込むと、「女将、水、水」と、水を頼んで、ホッとした。「いやー、とんでもないノッペラボーのお化けに遭ってしまった」男が息を弾ませて言うと、「そのノッペラボーの顔というのはこんな顔で……」と、背を向けていた女将が振り向いた。「ヒエー」ゆらゆらと揺れるローソクの明かりの向こうに、ノッペラボーの女将の顔が揺れていた。男は、腰を抜かして這いずるようにして逃げ出し、やっとのことで家に帰った。「いったい、どうしたのです？」と女房が心配した。「どうもこうも、ノッペラ……」と言いながら男が女房の顔を見ると、なんと女房の顔も真っ白のノッペラボーだった。男は完全に気を失ってしまった。

さて、堀に釣りに行ったきり帰ってこない男を心配した近所の人たちがたいまつをかざして堀に来てみると、男が何やら叫びながら横たわっていた。

それからは、この人騒がせな堀のことは「おいてけ堀」と呼ばれるようになった。

【ひと口メモ】

この話は、美空ひばりさんが、当時、小さな息子（和也さん）のために、朗読でテープに録ってあったものを参考にさせていただきました。臆病であわて者の話ですが、あわて者の話でよく知られているのは「粗相惣兵衛」（粗忽惣兵衛）があります。次々にものごとを取り違えて失敗を重ねる笑い話です。この話も同じような話ですが、笑い話であり、奇怪話でもあり、また堀の由来話でもあります。お化けや妖怪の話は、子どもはみんな興味があります。この話は、もともとは江戸が舞台の話です。落語などでも人気になりました。

評判の鮎寿司の味

昔、長野の善光寺の近くに、とても評判の味つけをしている鮎寿司専門の小さな店があった。鮎寿司を売っているのは女将で、一人で行商と店とを掛け持ちして忙しく働いていた。最初は行商だけで暮らしを立てていたが、味が評判になり家に直接買いにくる客も多くなったので、曜日を決めて小さな店を開いた。一人でやりくりしている店だったので、店をやっているときは、行商を休んでいた。女将は懸命に商売を続けていた。休む間もなく働くなかで、大好きな酒を飲むのを唯一の楽しみにしていたが、店が忙しくなるにつれて、飲む酒の量が増えていった。女将はときにはひどく酔っ払うこともあった。

さて、ある日、女将は店を閉めて久しぶりに行商に出た。ところが女将は、昨夜から酒を飲みすぎていたため、夕暮れ近くになって急に睡魔に襲われて、近くの家の門柱に寄りかかって、そのまま眠りこんでしまった。

しばらくして、すっかり辺りが薄暗くなった頃、馬に乗った男が女将が寄りかかっている門柱の家に用事があってやってきた。男は女将を見て、「ははあ、鮎寿司売りの女だな。それにしてもこんな道端でよく眠れるものだ」と苦笑しながら、そばを通ると、プーンと酒臭い。「なんと、酔っ払っているのか、いい気なものだ……」男は女将を起こさないように、そっと家の中に入っていった。それから一時ほどして、男がその家を出てきたときも、女将は眠りこんでいた。男はそっとその場を離れようとしたが、近くにつないでおいた馬が、主の姿を見て、喜んでいないないたので、さすがに熟睡していた女将も目をさました。女将はしばらく辺りをうかがっていたが、吐き気を催してしまった。女将はあわてて身を起こす間もなく、いきなり胃の中のものを、すごい勢いで吐き戻してしまった。しかも運悪く、すべて鮎寿司が入っている寿司桶の中に入ってしまったのだった。遠くでそっと見ていた男は、女将が急いで捨てるものと思っていたが、女将は何事もなかったかのように、桶に手を入れて自分の吐いたものと鮎寿司をかき混ぜ始めた。「うわー汚い。なんということを……」男は思わず自分が吐き出しそうになってしまい、馬に飛び乗ると、後も見ずに走り去ってしまった。それ以来、男は鮎寿司はもちろん、行商人が売りにきた食べ物もいっさい口にしなくなってしまった。それどころか、知り合いが鮎寿司を食べようとしたり、もてなしの席に鮎寿司が出たりすると、「それを食べるな、食べてはならぬ」と注意して、自分は急いで外へ逃げ出してしまうのだった。

一方、女将の店は相変わらず繁盛していた。この女将が作る鮎寿司の味が評判になったのは、酒を飲んで吐いたものを寿司桶に入れて混ぜて作っていたからだった。評判のもとは女将の吐いたものだった。評判が広まって忙しくなるにつれて、女将はさらに酒を飲んで、ますます深酒になっていくのだった。

【ひと口メモ】

誰もまねができないような評判の味のもとは、女将の吐いたものだったとは驚きです。鮎寿司といっても、今の寿司ではなく、開いた鮎の中に炊いたご飯を詰めて桶の中に重ねておくと、やがて発酵してすっぱい鮎の酢押しができます。この話は、一見、単純な料理でも、おいしいものとそうでないものとの違いが生まれる、そうした料理の奥深さを面白おかしく表したものでしょう。

第二章
考えさせられる話

龍宮に召された娘

室町時代頃、日本に外国からキリスト教が入ってきた。日本には大昔から神道や仏教があったので、安土桃山時代になってキリシタン禁止令が出された。特に長崎の周辺では、キリスト教への弾圧が激しかった。キリスト教信者とわかるとひどい罰を受けて、家まで焼かれたり、壊されたりもしていた。

さて、この長崎の山あいの町のある武士の家に、キリスト教を信じ続けていた真理江という娘がいた。十字架を首にかけた小さな聖母マリア像を何よりも大切にしていた。キリスト教への弾圧が激しくなって武士の家でも心配していた。そんな娘だったので、自分の存在がお上に知れてしまったら家族が大変なことになってしまうと心配して、そっと知り合いの家へ隠れ住むことになった。ホッと一息ついた真理江だった。が、その隠れ家も知られるようになってしまった。娘を捕えようと、役人たちは娘が潜んでいる家を取り巻こうとやってきた。「この家にキリシタンの娘がいるだろう。いたらすぐに出てこい！」その声を聞いた真理江は、マリア像をしっかり抱いて素早く外へ出て、追っ手から逃れることができた。

真理江は海岸へと走った。それから岸壁の上によじ登って、しばらく、じっと海面を見つめていたが、やがて聖母マリア像をしっかり抱きしめて、荒海の中へ身を投げてしまった。

ゆったりと、真理江はのんびりと海中を漂っているような気持ちだった。それからどれほどの時間が流れたのか、真理江が気づいて、ふと見ると、すぐ目の前に白亜の宮殿が見えていた。その宮殿こそ有名な龍宮だった。門の前に二人の美女が立っていた。「聖母マリアさまがあなたをここにお招きされたのです」と、手招きをして真理江を待っていた。真理江はマリア像をしっかり抱きしめたまま、二人の美女に案内されるままに宮殿の中に入った。

そのとたん、真理江は目を疑った。この世の中で、この龍宮ほど美しい場所はありえないというほどの豪華絢爛ぶりだった。広間では、多くの男女が厳かな音楽に合わせて静かに、晴れやかに踊っている。それを見て真理江は自ら吸いこまれたかのように、その輪の中に入っていって踊り始めた。踊りなど踊ったこともなかった真理江だったが、自然に体が動いてみんなと同じように踊ることができた。しばらく踊ってから、誰が止めるともなく踊りが終わって、みんながまるで自然に水が流れるように、静かに別の部屋に入っていった。部屋には扉も戸もなかった。真理江もみんなに引っ張られるかのようにその部屋に入った。部屋の中ではみんなが笑顔で飲食をしていた。皿の中には何もなかったが、みんなは静かに、無心に飲食をしていた。真理江もみんなと同じように食事をしたが、それまでに味わったこともないおいしいものだった。食事が終わると、また、みんなが次の部屋へと流れるように静かに移動した。どこからどこまでがその部屋なのかわからなかったが、その部屋で、みんなは、目の前にある聖母マリア像の前で静かに祈りを捧げ始めた。真理江が何よりも大切に抱いてきた聖母マリア像も、いつの間にか安置されていた。真理江はあまりの感動で体が熱くなる思いになった。キリシタンということだけで地上の暮らしを追われた真理江は、聖母マリアさまに守られ、導かれて海洋の龍宮に来て、この上なく幸せな毎日を送ることができるようになった。この聖母マリアの聖地、龍宮は、地上の人間には探すことはできないが、今も変わらず存在していて、真理江が持ちこんだ聖母マリア像は、黄金に輝いているという。

【ひと口メモ】

「いわしの頭も信心から」という言葉もありますが、信心の対象はなんでもいいということです。それを信じきることができる心があればよいということで、道は開けるというものです。室町時代には、日本にもキリスト教が入ってきました。キリスト教は長崎を中心に広まりましたが、弾圧に遭って大変でしたが、信者はじっと堪えて信じ続けました。しかし、この話の真理江のように、迫害で命を絶った人もたくさん出ました。しかし、そんな人々も真理江のように別の場所で幸せになったと思います。それが信者の心のように思えます。長崎には今でも弾圧に耐えた多くの教会が存在しています。

とれなくなった鬼の面

浅間山の麓の村に、怠け者でしかも意地の悪い姑がいた。

その姑の家に気の優しい働き者の嫁が嫁《とつ》いできた。とても気立てのいい働き者の嫁だったが、怠け者の姑には嫁のてきぱきと働く姿が、自分へのあてつけのように思われて、いい気分はしなかった。主人は器量よしで働き者の嫁がいとおしくなって、妻である姑よりも嫁に気が向くようになってしまった。そんな毎日が続くうちに姑は、主人に気に入られる嫁のやることなすこと、すべてが気に入らなくて、嫁が憎くて憎くてたまらなくなってしまった。それどころか嫁が家にいることに我慢ができなくなってしまった。そんなことで姑の嫁いじめ、嫁いびりはなんともひどいものになっていった。自分は怠け者なのに嫁には、朝から晩まで休むひまも与えずに仕事をいいつけ、さらに夜になっても夜なべ仕事を次々に与えていた。しかし嫁はどんなにつらい仕事でも、何一つ文句も言わずにやりとげていた。そうなると、姑の「嫁憎さ」は、にっちもさっちもいかなくなってしまった。

働き続ける嫁のただ一つの楽しみは、近所のお寺に参拝に行くことだった。信心深い嫁は仕事が終わると、どんなに夜遅くなっても必ずお寺にお参りに行っていた。意地の悪い姑は嫁がお寺へお参りに行くのもまた気に食わなかった。なんとか嫁の寺参りをやめさせようと、さらにたくさんの夜なべ仕事を与えた。それでも嫁は懸命に仕事をこなして、どんなに遅くなってもお寺へのお参りはやめなかった。そんな嫁を見て姑はいよいよ怒り心頭に発して憎さが爆発寸前になってしまった。なんとしても嫁をいじめてやろうと、ある夜、姑は恐ろしい鬼の面を被って寺の近くで嫁の帰りを待ち伏せしていた。

やがて嫁がお参りを終えて急ぎ足で帰ってきた。

鬼の面を被った姑はそこで嫁の前に飛び出して、「ヒョウワー」と、奇妙な声を発しながら、両手を広げて仁王立ちになった。ところが意外や意外、嫁はまったくひるまなかった。「邪魔だからどいてくださいよ！」と、目の前に立ちはだかっている鬼を、両手で力いっぱい払いのけると、そのまま、さっさと帰っていってしまった。まったくあてが外れてしまった姑は、仕方なく顔の恐ろしい、醜い鬼の面を取ろうとした。が、どうしたのかその醜い鬼の面が取れなくなってしまった。驚いた姑が必死に取ろうとしたが、取ろうとするたびに、面はしっかり顔にくいこんでしまいどうしても取れなくなってしまった。恐ろしく醜い鬼の面は、すでに姑の顔そのものになってしまっていた。鬼の顔になってしまった姑は、それでもそのまま家に帰るしかなかった。恐ろしく醜い顔をしてとぼとぼと帰ってきた姑からわけを聞いた嫁は、真夜中だったが、すぐに嫌がる姑をせかせて夜道をお寺へ走った。お寺に着くと嫁は真剣にひたすら念仏を唱え続けた。するとあれほどしっかり顔についていた恐ろしく、醜い鬼の面が難なく取れて、その下から今まで見たこともないような優しい姑の顔が現れた。

それからは、姑と嫁はみんなが羨むほど、仲がよくなったという。

【ひと口メモ】

この話の最後は鬼面が取れることになっていますが、そのまま取れずに、鬼になってしまったとするものや、「鬼になった嫁」のように顔に鬼の面がついたままだった、というものもあります。そんなところからこの話は「肉づき面」などとも呼ばれています。嫁の信仰心の強さが、自分はもちろん、憎いはずの姑さえ救った、という信仰心を絶賛する話になっている一方、「肉づき面」のように悪いことをすれば、(後でいくら真人間になっても) それだけの罰を受ける、という仏道の必罰の教えも語っているものもあります。いずれも、仏教色の強い話といえます。

化けの婆さん（庄屋の婆）

昔、諏訪に大竹という羽振りのいい庄屋があった。

ある日、この家の下男が杖突峠を越えて、伊那の町まで使いで出かけた。用事の交渉事がすっかり長引いてしまい、帰りに杖突峠にさしかかった頃には、すっかり日も落ちて、深い谷間沿いの山道は、不気味な谷川の水の音が聞こえるだけで、人っ子ひとり通らない、薄気味悪い闇になっていた。

下男がまっすぐ前をにらみながら、大急ぎで歩いてようやく峠近くにさしかかったときのこと、峠の辺りの藪かげにピカッと光ったものがあった。オオカミの目だった。一匹のオオカミが、目玉をむいて下男に飛びかかろうとしていたのだった。下男は夢中で脇差に手をやって身がまえた。それを見てオオカミはあきらめたのか、スーとどこかへ姿を隠していってしまった。（やれやれ）下男がホッと息をついていると、今度は光る目が四つになり、さらに六つになり……と数えられないほどになってしまった。（これは大変だ、このままではオオカミに食い殺されてしまう……）そう思った下男は、何はともあれ、近くにあった松の大木によじ登った。ほとんど同時に、オオカミたちも松の大木の下に集まってきた。それを見て、下男はさらに上へ上へと登っていった。そこでホッとして下を見ると、オオカミたちが一匹の上に次の一匹が乗って、さらにその上にまた一匹と、肩車をしてどんどん上に近づいてきた。下男が息を殺して枝にしがみついているうちに、オオカミはすぐ下まで上がってきてしまった。しかし、オオカミはあとほんの少し、最後の一匹というところで、一匹分数が足りなくなってすぐ目の前まで下男を追いつめながら、あきらめざるをえなかった。下男が（やれやれ）と思ったとき、一匹のオオカミが「大竹の婆さまを呼べ」と大声で怒鳴った。下男はそれを聞いて（大竹といえば、私の屋敷も大竹だが？）と思っていると、さっそくその婆さまがやってきて加わった。オオカミたちは、再びまた、お互いに肩車を始めた。最後に大竹の婆さまと呼ばれた大オオカミが、下男を襲ってきた。下男は「もはやこれまで」と脇差を抜いてめちゃくちゃに振り回した。すると、「ぎゃー」という大竹の婆さまと呼ばれたオオカミが頭を押さえた。見るとその頭から血が流れていた。それを見て、肩車は崩れてオオカミたちは四方に逃げ去ってしまった。

やっとのことで窮地を脱出できた下男が、夜明けになって木から下りてみると、なんとそこに大竹家の大切な大蔵のカギが落ちていた。それを拾って帰った下男が、昨夜のことを主人に話すと、「いや、どうも前から腑に落ちないことがあったが……やはり」と言って、そっと婆さまの部屋をのぞいてみた。なんと部屋では大オオカミが怪我をした頭を押さえていた。それを見た主人は、「この化け物めが」と一刀のもとに切り捨ててしまった。

その後、あちこちを探してみると、縁の下からほんとうの婆さまの死体が見つかった。オオカミが婆さまをかみ殺して、婆さまに化けて大竹家を牛耳っていたのだった。

【ひと口メモ】

この話は、各地でいろいろな形で伝わっています。どの話も最後の一匹が「〜の婆」と婆さまになっているのは共通しています。古くは江戸時代の『新著聞集』に越前の国の出来事として出ています。主人公はここでは下男ですが、旅商人、六部、山伏、飛脚などさまざまです。最後の一匹に大猫が登場する話もあります。数の上では猫のほうが多いくらいです。婆さまが実はオオカミだったという意外性がミソです。

不運な娘

昔、あるところに稲作りの名人といわれている爺さまがいた。

ある日、爺さまはいつものように田んぼの水のようすを見るため、田んぼの畦で稲の成長を観察していた。

その夏は毎日焼けつくような日照りが続いて、田んぼの水がすっかり涸れて田んぼに干割れができてしまっていた。そのままでは秋の刈り入れは絶望的に思えた。稲作りの名人の爺さまでもどうにもならなかった。爺さまは干からびた田んぼを眺めながら、「このままじゃあ稲が死んでしまう。なんとか田んぼに水が欲しい。誰かこの田んぼに水を入れてくれる者がいたら、かわいい孫娘のもみじを嫁にやってもいいが……」とため息混じりにつぶやいた。すると、大きなヘビが草むらから出てきて、「爺さま、心配しないでいい。おらが田に水を入れてやろう。その代わりに孫娘のもみじさんを嫁に頼みますよ」と言って、草むらの中へ姿を隠した。爺さまはあっけに取られていたが、（まさか、ヘビが田んぼに水を引けるわけがない）と、そのことはあまり気にしないで家に帰った。

次の朝、それでもなんとなく昨日のことが気になった爺さまは、さっそく田んぼにやっ

てきた。来てみてびっくり仰天してしまった。なんと、田んぼには水があふれるばかりにいっぱいになって、稲がすっかり元気を取りもどしていた。爺さまは思わず「おおー」と歓喜の声をあげて喜んだ。しかし次の瞬間、孫娘のもみじを嫁にやると言ってしまったことが脳裏をかすめた。とたんに青ざめた顔になった爺さまは、大急ぎで家に帰った。家ではもみじがいつものようにトン、トンと一心に機《はた》を織っていた。そんなもみじに「もみじや、いちばんいい着物を着て、しっかり化粧をしろや」と言ってから、またばたばたと外へ飛び出していってしまった。しばらくして爺さまは棺桶を引きずって

帰ってきた。それからハアハアと荒い息づかいで、ヘビにもみじを嫁にやると約束してしまったことを話した。もみじは何がなんだかわからず、目を白黒させていたが、「こうしている間にもヘビがお前をもらいに来るかもしれない、お前は早くこの棺桶に入っていろ、ヘビが来たら、孫娘はこのとおり急な病のために死んでしまいました。申し訳ございません、と言って帰ってもらおう……」と話していると、早くも表の戸を叩く音がした。もみじは何も言う間もなく、爺さまに言われるままに棺桶の中に横たわった。爺さまは急いで線香をあげて、裏の庭で採ってきた花を飾って、急いで戸を開けた。そこには立派な身なりをした美男が立っていた。「お約束どおり、もみじさんをいただきにきました」それを聞いて爺さまは突然涙を浮かべて、「もみじはお前さまのところへ行くのを楽しみにして、しっかり化粧をして待っていたのですが、急にあんばいが悪くなって、そのまま死んでしまいました。まったく人の命は一寸先は闇です」と言った。

美しい若者はそれを聞くとたんに大きなヘビの姿になって、もみじが入っている棺桶に二重、三重に巻きついていたが、やがてどこかへ行ってしまった。

「ひゃー危ない、危ない……助かった！」爺さまがホッとして棺桶のふたを開けてみた。しかし、美しい着物を着て、しっかり化粧をしたもみじは息絶えていた。

【ひと口メモ】

昔話では、田んぼの水がなくなって困っているところへ、河童、サル、ヘビなどが現れて水を入れてやり娘を得るが、すぐに破談してしまう、という筋立てがほとんどです。しかしその破談への筋道がいろいろと変化に富んでいます。サルに重い臼を背負わせて、丸木橋でサルが足を滑らせて川に流されたり、河童の住む沼に来てひょうたんを沼底に沈めてくれと頼んだが、できずに河童があきらめたり、谷川沿いの岩場に咲いた花を採ってくれと娘に頼まれたサルが足を滑らせて流されたりといろいろです。しかし、ここでは逆に娘のほうが殺されてしまうという展開になっています。ほとんどの話が、娘の策略で相手が流されたり、あきらめさせられたりしていますが、この話は、娘のほうが殺されてしまっています。多くの話に反発するような話になっています。

鴨之池新太郎

昔、新太郎という独身の行商人がいた。ある日、いつものように行商に出かけたが、途中で猟師が大鴨を生け捕りにして、今にも首をひねって殺そうとしていた。それを見て、かわいそうになった新太郎は、猟師にかけあって、商売用に持っていた有り金をはたいて、大鴨を買い受けて、そのまま行商を続けていった。すると、いつもはたまに商売ができる程度の場所で、びっくりするほどに売れてしまった。新太郎はほくほく顔で帰った。

その夜のこと、見知らぬ女が訪ねてきた。女はいきなり「私はどうしてもあなたのお嫁さんになりたいのです。どうか一緒になってください」と言った。その女の人は色白の美人で、そのうえとても優しそうだったので、新太郎はその女との結婚を即座に了承した。

二人は仲睦まじく、新太郎はますます仕事に励んでいた。

そんなある日、女房が「私は四、五日、奥の部屋に入ってからあなたの行商が楽になるように、高く売れるものを仕上げますから、その間は、どうか部屋の中をのぞかないように、くれぐれもお願いします」と言って、奥の部屋に入っていった。

最初の一日こそ、部屋をのぞかなかった新太郎だったが、次の日には、女房がどんな仕事をしているかをどうしても見たくなってしまった。そこで、そっと隙間からのぞいてみた。すると女房はせっせと織物を織っていた。新太郎は気づかれないように、そっと自分の部屋に戻った。三日目も新太郎はそっと女房の仕事場をのぞいてみた。女房はわき目もふらず機を織っていた。それを見届けて新太郎はそっと自分の部屋に戻った。四日目になって新太郎はまたのぞいてみた。すると、昨日までと違って、女房がすっかり痩せてしまったように見えた。新太郎は心配になったが、その日もそっと奥の部屋を離れた。そして五日目の朝、女房はようやく奥の部屋から出てきた。手には織りたての素晴らしい織物があったが、女房はげっそりと痩せてしまっていた。「あなたは約束を破って、私を何度も見てしまいましたね。でも、仕方ありませんね、さあこの織物は高く売れるはずですから、さっそく売りに

行ってください。決して安値で売ってはなりませんよ」と言って美しい織物を新太郎に渡した。新太郎は、さっそくその織物を売りに出たが、すぐにその織物は高額で売れてしまった。新太郎が喜んで家に帰ってみると、女房の姿が見えなくなっていた。新太郎があちこち探していると、戸棚の中に手紙が置いてあった。

「私は、以前あなたに助けられた鴨です。どうしても『蓮の花咲く水辺』に帰らなくてはならなくなりました。ほんとうにありがとうございました」

手紙を見た新太郎は、女房の言う蓮の花咲く水辺とは、以前、大鴨を助けた辺りに、蓮の咲く大きな鴨池があることを思い出した。さっそく行ってみると、多くの鴨が遊んでいるなかで、すっかり羽がとれて丸裸の鴨がいた。鴨はすぐに新太郎に気づいて、そばにやってきて、二回、三回とまるでお礼でも伝えるかのように首を振って、やがてまた群れのなかに姿を隠してしまった。それ以来、新太郎は鴨之池新太郎と名乗るようになったという。

【ひと口メモ】

この話は、主として北陸地方に伝わる話です。「夕鶴」のもとになった「鶴女房」が土台になっているのは明らかですが、高級なイメージがする鶴ではなく、田舎話らしく、ずっと地味にして鴨になっています。鶴女房がなんとなく冷たく去ってしまったのに対して、この話の鴨は、何度も見られても文句も言わず、昔の日本の女性のように、そっと静かに去っています。さらに、鴨に戻ってもなお、礼をつくしています。「夕鶴」と比べても、こちらの話のほうが素朴で温かさを感じます。

大豆作りの名人

昔、南信濃のある村は、麦の収穫は多かったが、味噌をつくるために必要な大豆の収穫はほとんどなくて困っていた。味噌がなくては暮らしが成り立たないので、村人は朝早く起きて馬の背に麦を積んで、山を越えて町まで行って、麦を売って大豆を買っていた。村に帰り着く頃にはもう夕方になってしまい、村人たちは大変な苦労を重ねていた。「ほかの村では、しっかり大豆ができるというのに、この村だけができないというわけはあるまいに」と、たっぷり肥料を与えて、いろいろと工夫をしてみたが、どうしても大豆はできなかった。そんなことで村人は大豆作りをあきらめていた。

そんなある日、大豆作りが得意という男が村に移り住んできた。男は「大豆ができないとは、なんと情けないことか、この村だけ大豆ができないわけがないではないか、わしが立派な大豆を作ってみせよう」と言って、さっそく作り始めた。それを見て村人は「何も知らずに村へやってきて、どうするというのだ、無駄なことをするものだ」と冷ややかに笑った。(今のうちに笑っているがいいさ、立派な大豆を作って見返してやるさ)と大豆男も腹の中で笑っていた。

大豆男はさっそく入念に畑作りをして、いつも使っていた肥料をたっぷり入れて丁寧に畑を作って苗を植えた。大豆の苗はしっかり葉をつけて、すくすくと元気いっぱいに成長した。（どんなもんだい、大豆を作ることなど簡単なものさ）と大豆男は、胸を張って鼻高々だった。

いよいよ収穫のときがきた。大豆男の作った大豆は、大豆男に感謝するかのようにぐんぐん伸びて、茎も太く、青々と立派になったが、どうしたことか肝心の実はほとんど実らなかった。それを見て村人たちは「それみたことか、言わぬことではない……」と、みんな鼻で笑っていた。大豆男は「この土地は、前の土地と違って痩せすぎている。もっとたっぷり肥料をやらねば」と考えた。

翌年、大豆男は丁寧に畑を作って、昨年の倍の肥料を与えた。大豆は大豆男の期待にこたえるかのように立派に成長した。が、やっぱり、ほとんど大豆は収穫できなかった。大豆男はとうとう村人たちの笑い者になってしまった。さすがの大豆男もすっかりさじを投げてしまった。

大豆男が村に来て三年目の春、大豆男はすっかり大豆作りへの情熱を失ってしまっていた。それでも仕方なく畑を作り、まったくなんの肥料も与えずに大豆を蒔くには蒔いた。あとは、手入れもせずにほとんど畑にも近づかずにほったらかしていた。たまに思い出したように畑に行ってみると、豆の木はあまり伸びずに小さく、葉も弱々しく風になびいていた。ところがいよいよ収穫の時期になると、小さな豆の木はいっぱい実をつけて大収穫となった。村人たちは大豆男が三年の研究の末に見事に大豆を収穫したと思い、大豆男を「大豆作りの名人」と祭り上げた。大豆作りの名人になった男は、何がなんだかわからなかった。

もともとこの地は肥沃な地だったので、そのままで十分、大豆は収穫できたのだが、さらに多くの肥料を与えたので、大豆は大喜びでぐんぐん伸びて育って実をつける時期も忘れて楽しんで成長したのだった。それからは、この村でもたくさんの大豆が収穫できるようになったという。

【ひと口メモ】

戦争中や戦後間もない食料事情が悪い頃、大豆は田んぼの畦にまで蒔いて育てたのを覚えています。わずかな土地も無駄にしないで作物を作りました。田の畦に種を蒔くだけで、ほったらかしでしたが、しっかり収穫できていました。どうも大豆はあまり肥料が好きではないようですね。稲も肥料を多くやると青々と大きく立派になりますが、収穫となると実はほとんど実らず、シイナのままでした。「過ぎたるは及ばざるがごとし」の言葉どおりです。人生もあまりの贅沢はやめて質素に暮らすのがいいのではと思いますが……。

失敗した悪だくみ

昔、あるところに立派な寺があった。その寺には厳しい修行を積んだ晴天坊という高僧がいた。その寺にはもう一人高い修行を積んだ黒龍坊という僧侶がいたが、どうしても晴天坊の地位には手が届かなかった。そのうえ、黒龍坊は根性がねじくれた男で、目上の晴天坊の存在が憎らしくて仕方がなかった。「あのくそ坊主、八十歳を越えていながら、いまだにぴんぴんしていやがる。あいつさえ死ねば、俺が繰り上がって別当になれるのに、まったく憎ったらしい、じれったい。俺だってもう七十歳だ……下手をすればあの爺より早く死んでしまうかもしれないじゃないか。なんとかあいつを、くたばらせてやる方法はないものか」黒龍坊はいろいろ考えてみた末、とうとういい考えが浮かんだ。「刃物で刺したり棒で打ち殺したりすれば、面倒なことになるから、毒きのこを食べさせて殺してしまうのがいい」と、黒龍坊は供を連れずに密かに山に入り、ツキヨタケという毒きのこと、色も形も味もそっくりだが毒のないヒラタケをたくさん取って帰った。もちろんツキヨタケのほうを晴天坊に食わせて、自分は何食わぬ顔でヒラタケを食おうという算段だった。「我ながらうまい殺し方を思いついたものよ、きのこの種類をよく知っている山里の人間でも、誤って食べて死ぬ者が後を絶たない。別当がきのこにあたって死んだとて、誰も怪しむ者はおるまい」

黒龍坊はさっそく厨に入り、別々の鍋でツキヨタケとヒラタケを煮て用意した。それから黒龍坊は晴天坊を、自分の家に招待した。

やがて晴天坊が杖にすがってやってきた。黒龍坊が「これは、これは、よくおいでくださいました。実は知り合いから見事なヒラタケをたくさんいただきましたので、ご一緒にいただこうと思いまして……」と言うと、「それはありがたい、いただきましょう」と、晴天坊はにこにこ顔でお膳の前に座って、さっそくツキヨタケを食べ始めた。「いかがでしょうか、お味は？」と黒龍坊が聞くと、「実にいい味になっていますなあ、実にうまい」晴天坊はいかにも満足そうに笑った。（かわいそうに、もうすぐあの世行きだというのに……少しは気の毒にも思うが……）黒龍坊が毒のないヒラタケを食べながら薄笑いを浮かべて晴天坊が苦しみ悶えるのを待っていたが、どうしたことか、晴天坊はいつまで待っても平気な顔でツキヨタケを食べ続けている。それどころか「これは実にうまいツキヨタケだったわい、拙僧はこの年になるまで季節になると毎年ツキヨタケを食べてきたが、今日のツキヨタケの味は格別だったわい。いや、感謝、感謝！」と大喜び。「え！　ツキヨタケ？……」悪だくみがばれたうえに、平気な顔をしている晴天坊に、黒龍坊はびっくり仰天。その場にいたたまれなくなった黒龍坊は、あわてて奥へ逃げこんでしまった。晴天坊はそんな黒龍坊をにらみつけていたが、満足した晴天坊はそれから杖にすがって、ゆっくりと帰っていった。ちょうどその頃、毒のないヒラタケを食べた黒龍坊が、急に苦しみ始めた。苦しんでのたうち回っていたが、とうとう息を引きとってしまった。毒のないといわれていたヒラタケだったが、ごくまれに死んでしまう人もいるということだった。黒龍坊はその一人だった。またツキヨタケを食べてもまれに死なない人もいるという。晴天坊はまさにその一人だった。

【ひと口メモ】

まれにみる現象がたまたま二人にあったことが、この話を興味深くしています。それにしても悪いことはできないものですね。現代の社会でも、何とか上司を退けて自分がのし上がろうと下克上を考える人は数えきれないでしょう。昔はきのこの毒で、と単純な考えでしたが、今は自殺に見せかけた殺人をはじめありとあらゆる手段があって、いつどんな災難があるかわからない時代になってしまいました。しかしそんなことをいちいち気にしていたら生きてはいけません。昔話でも聞いたり読んだりして、ちょっとの間でも現代社会を離れてひと休みしてみるのもいいかと思います。

神仏になれなかった羅漢《らかん》和尚

昔、南信濃の里に勝上寺という立派なお寺があった。その寺には宗心という高僧がいた。宗心は十歳で越後の故郷を後にして、勝上寺へ小僧として入り、修行を続けて二十歳で勝上寺の和尚となった。幼い日から親元を離れた宗心は、一人前の和尚になったところで、とてつもなく大きな夢を持った。その夢の第一歩は、「五百体の石仏を彫って、村中にそのありがたい姿をお見せして、心に安らぎを持ってもらいたい」というものだった。その夢を実現するために宗心は、信濃から越後まで足を運んで托鉢の旅を続けて、十年にして五百体の石仏を完成させて、村の要所にそれを建立した。「ああ、これで第一の目標は達成できた。ありがたいことだ。これからはさらに上の修行に入らねば……」とさらなる修行を続けた宗心和尚は、寺の近くにある湖の周りに霊場を八十八箇所つくり、「水波八十八ヶ所巡り」の霊場とし、その名を羅漢と改めた。

それからも修行に修行を重ねた羅漢和尚は、齢六十を越えた。「私は大層たくさんの仕事をやり遂げてきたが、これからがさらに厳しい本来の修行を続けて、神仏の領域に行かねばならない。そのための修行は重ねるが、生身の人間のうちは、いつ何があるかわからぬ、いつ死ぬかもしれぬ……そのためには、いつ死んでもいいように、自分の墓だけはつくっておかねば」と言って、勝上寺の境内に実に立派な墓をつくった。墓石の周りには仏画やありがたい経文を刻みこんだ。万全の準備ができて羅漢和尚は、いよいよ神仏の領域に近づくために最後の修行に入った。天の神仏を呼び寄せるために天竜河畔の大松の下で、天に向かって、経文を読み上げ続けた。それは毎日、毎晩、いく日も続いた。やがて羅漢和尚も七十を越えて、さすがに体力も衰えて、いよいよ死期も近くなったと思われたある日、和尚は村の人たちを寺に呼んで、みんなのためにありがたい経を唱えてから、「みなさまには、これまで大変にお世話になった。わしもいよいよ人間界を離れて天の神仏に召されて、天に上ることができるようになった。そこで私は今日限りで、地上を離れて天の神仏となります……。それでみなさまにお願いがあります。私はこれから自ら墓に入りますから、しっかり蓋をしてください。私は、明日、明後日のうちに天の神仏になるでしょう。みなさんは、それを確かめるために、三日経ったら私が神仏になった姿を確認してください」羅漢和尚はそう言うと自らつくった立派な墓に自分から入りながら、「それではみなさん、いざさらばじゃ、しっかり蓋を頼みます」と言って墓の中に入った。「これで羅漢さまとお別れだ……」村人たちは羅漢和尚との別れは悲しかったが、これから神仏さまになる羅漢さまの言葉と信じてしっかり蓋をして、ふかぶかとお辞儀をして涙ながらに帰っていった。

さて、それから三日後の朝、村人たちは羅漢さまとの約束どおり、羅漢さまの墓へやってきた。すると墓の中から羅漢さまのすすり泣くような声が聞こえてきた。

「おーい、村の衆、助けてくれ、蓋を取ってくれー、怖いよー、お願いだ、早く蓋を取ってくれ」と、懸命に助けを乞うていた。村人たちはあきれてしまったが、急いで蓋をどかすと、墓の中から羅漢和尚が転がり出てきた。「ああ、助かった。助かった……すんでのところで死ぬところだった」

羅漢和尚はそう言うが早いか、よろよろと歩いて寺に帰った。村人たちは、あぜんとして和尚の後ろ姿を見送るしかなかった。その姿はまさに、弱き人間そのものだった。

村中の人々に尊敬され、愛された羅漢和尚はその後、越後へ帰って、暮らしているという噂がたった。

【ひと口メモ】

昔から人間は深く神仏を崇拝して現在に至っています。人間は生を終えた後は、なんとかして神仏になりたいと願ってきました。そのため、神がかった人たちが出てきました。占い師、神主、僧侶、巫女、預言者……。また話の中では、天狗や鬼や忍術使いなど、神仏に近づいたと思われる存在も出ましたが、真の神仏にはなれませんでした。「人間は人間でしかない」「人間は動物にほかならない」

ということは、永遠に変わることはないでしょう。ただ、修行によってまたは行いによって死んでから神仏的になれる人もあるかもしれませんが、それも永遠の謎でしょう。

やけどをした観音さま

昔、ある村の長者の妻が亡くなって、後妻を迎え入れた。長者には子どもがいなかったが、とても優しく信心深く賢い早苗という娘の使用人がいた。長者は早苗を自分の子どものようにかわいがって、誰よりも頼りにしていた。後妻もてきぱきと仕事をこなす早苗を快く思っていた。早苗は毎日仕事が終わると、近くの観音さまにお参りに行くのを楽しみにしていた。

ところが、日が経つにつれて、後妻の気持ちが変わってきた。使用人の早苗が、長者に気に入られて、てきぱき働く姿が目障りになってきたのだった。後妻は、どんな仕事も完璧にこなしてしまう早苗が、そのたびに長者の歓心を買うのが許せなく、腹立たしかった。後妻は、長者の気持ちが日に日に自分に向かわずに、使用人の早苗にばかり向いていくのがどうにも許せなくなった。そんな気持ちが爆発寸前まで増して、とうとうどうしても我慢できなくなってしまった。

ある日、長者の留守中に、後妻は突然、焼け火箸を早苗の額に当てて火傷を負わせてしまった。長者が帰ってくると、後妻は、「早苗が誤って火傷を負ってしまいました」と嘘の報告をしたが、早苗は悲しい目をしただけで何も言わなかった。早苗はその日も何もなかったかのように、いつものように観音さまにお参りした。

次の朝、奇妙なことが起こった。早苗の額の火傷あとが消えて、それがそのまま後妻の額に移ってしまっていた。後妻は、憎い早苗の傷が自分の額に移ってしまったことに、烈火のごとく怒ったが、もとは自分がやったことなので我慢するしかなかった。そうなると、ますます早苗を憎むようになってしまった。後妻は、今度は早苗を殺さなくては我慢できなくなってしまった。長者のいない真夜中、早苗がぐっすり寝入っているのを見届けて、そっと家に火をつけた。たちまち燃え上がる火を見て、後妻は急に恐ろしくなった。殺そうとしていた早苗の寝ている部屋に飛びこんで、間一髪のところで早苗を外に連れ出した。

長者は留守の間に家をなくしてしまったが、誰も責めなかった。「家はまたできるが、命は一つしかない。二人が無事だったのは何よりだった」と、ホッとしていた。後妻は家を燃やしてしまった責任の重さを知って、心から反省した。

後妻は罪の重さに耐えかねて、早苗と一緒に観音さまを拝みに行った。次の日も早苗と一緒に拝みに行った。行ってみて二人は驚いた。なんと観音さまの額が傷ついて、血がにじんでいた。早苗がふと後妻の額を見ると、火傷のあとがすっかり消えていた。後妻の額の火傷は、そのまま観音さまの額に移っていたのだった。「観音さまが火傷をご自分の額に移しとってくださった」二人は観音さまの心を知って涙ながらに深々と頭を下げ、感謝した。
それから、後妻と早苗はすっかり仲良くなって、毎日連れ立って観音さまにお参りに行くようになった。ある日、二人がいつものように観音さまを訪ねると、なんと観音さまの額に痛々しくあった火傷のあとも、きれいに消えていた。

【ひと口メモ】

観音さま、地蔵さま、如来さまに傷が移ったという話は、いくつか知られています。一度犯したことは、消えたつもりでも、その事実は決して消えることはなく、どこかに残ってしまうということを教えています。しかしそれも深い信心によって、その苦しみや悲しみから脱却できるということも教えています。昔話には、継母と継子との関係で、継母が継子に意地悪な仕打ちをする話が多くあります。「継母話」という分類をしたいほどです。この話のように、最後は継母と継子が仲良くなる話と、継母が家を追い出されたり、盲目になったりする話の二つのパターンになっています。

遅すぎた再会

昔、北信濃に貧しい暮らしの友次郎という男がいた。これといった職にもありつけず、毎日の食事にも事欠くありさまだったが、長い間連れ添ってきた女房は気立てが優しくて辛抱強い女だったので、夫を支えてなんとか貧乏所帯をやりくりしていた。

ある日、友次郎は貧乏暮らしから抜け出せるようにお参りをしてみようと決心して、はるばる善光寺へやってきた。友次郎がお参りをしていると、すぐ隣りで、何やら一生懸命にお参りしている美しい女がいた。友次郎は、その女にすっかり心を奪われてしまった。そこで勇気を出して「一心にお参りされていますが、何をお願いしたのですか?」と聞いてみると、「……いい人に巡りあえますようにと……」と、そっと言った。「実は、私も今、同じことを……」と、友次郎は出まかせを言った。どういう風の吹きまわしか、その美しい女と友次郎はすっかり気が合ってしまった。友次郎の頭の中はその美しい女のことでいっぱいになってしまった。美しい女は「私と結婚してください……私の実家なら、あなたの暮らしの面倒などたやすくみてあげられるわよ」と、友次郎に結婚を迫った。友次郎は即座に女房を捨てて家を出て、その美しい女と結婚をした。

友次郎は今までと違った裕福な暮らしになったので、大満足だった。それまでの貧しい暮らしのことなどすっかり忘れてしまった。二人は女房の親に金を出してもらい豪華な家を建てて、優雅で甘い新婚生活を楽しみ始めた。しかし友次郎は、美しい女房のそばを離れたくなく、仕事にもつかずにいつも女房のそばにいるだけになった。一方、美しい女房はお嬢さん育ちだったので、料理はほとんどやらず、縫いものも、掃除も下手だったうえに、裕福な実家を鼻にかけて、夫の友次郎をばかにするようなこともあった。毎日暮らしているうちに、友次郎は美しい女房に描いていた夢のように優雅だった最初の夢が次々に壊されていった。そのたびに、別れた女房のことを思い出すようになった。(なんの欲もなく、貧しい家庭を懸命に支えてくれた女房だったのに……)そう思うと、すぐにでも飛んで帰って、女房に会いた

いという思いにかられた。（俺は自分勝手な愚か者だった。あんな気立てのいい女房を捨ててしまった。魔がさしたとしか思えない。貧しい暮らしだったが、今はどうしているのだろう……）あれこれと考えると、夜も眠れなくなった。美しい女房と所帯を持って一年が経った頃、友次郎はいてもたってもいられなくなった。決心して美しい女房と離婚して、懐かしいもとの家に帰ることにした。もとの家に駆けつけてみると、庭には雑草が生い茂っていて、秋の終わりを感じさせるような冷たい風が吹いている。寂しい風情に友次郎の目から涙がこぼれた。家に飛びこむと前の女房がしょんぼりと暗くなった部屋に火も灯さずに座っていた。「まあ、あなた、今までどうしておられたのですか？」と、前の女房は友次郎を恨むようなようすもなく言った。友次郎は痩せた前の女房の手をにぎりしめて、むせび泣いた。「私が悪かった。これからはまた以前のように一緒に暮らそう。よくこんな寂しい家で辛抱していたね」と言うと、「私はあなたさえ帰ってくだされば何もいりません」と言う。友次郎は、前の女房を抱きしめてつもる話をしているうちに夜もふけたので、二人で寝床に横になった。

次の日、友次郎が目を覚まして、びっくり仰天してしまった。横に寝た女房を見ると、骨と皮だけになった前の女房が横に伏していた。肝をつぶした友次郎は、裸のまま庭へ飛び出した。

【ひと口メモ】

捨てられて死んでしまった女房の、別れた夫に会いたい、戻ってほしいという一念が、在りし日の姿となって夫と対面したというものでしょう。女の執念を見る思いもします。ともに寝た夫が無事だったのは、妻が辛抱強く優しい性格だったからでしょう。この話は『今昔物語集』からヒントを得たものですが、上田秋成の『雨月物語』のなかの「浅茅が宿」という話も『今昔物語集』をヒントにしたものと思われます。

河童の肝取り

昔、天竜川には河童がいっぱい棲んでいて、いくつかの河童淵があった。そのなかでも中沢村（現・駒ヶ根市）にある「下がり松」の下の淵には多くの河童たちが集まって、飯田の河童王がいる河童淵に次ぐ大きな河童淵をつくっていた。

さて、ある日、下がり松の淵で、一人の目の大きな娘が桶を大切そうにかかえて、天竜川を見つめていた。するとそこへ、髭の男が乗った筏が下ってきた。娘がその筏を大声で呼び止めた。

「ねえ、船頭さん、その筏はどこまで行くのですか？」と問いかけると、髭の男は「飯田までだいね」と答えた。「それはありがたいです、どうか、この桶を飯田の『上がり松』まで持っていってくださいませんか……そこで待っている方に渡していただければそれでいいのですが……」と言ってたいそうな額のお金を船頭に渡した。髭の船頭は、たっぷりと銭をもらって喜んで引き受けた。「船頭さん、この桶の中には大切なものが入っていますから、絶対に途中で開けてはなりません。そんなことをすると大変なことになってしまいます。くれぐれも、開けないことを守ってください。くれぐれも開けて中を見ないように……」目の

大きな娘が念を押した。「よーくわかりました。心配はご無用で」船頭は大きく手を振って筏を出した。程なく飯田に着くという頃、髭の男の気が変わった。「絶対開けてはならない」と言われるとよけいに見たくなるのが人情というもの、船頭はとうとう蓋を開けて桶の中をのぞいてしまった。桶の中は異様な臭いがして腐った黒い肉のかたまりのようなものが、泥のように動いていた。「ヒエー、なんだこれは？」髭の男が鼻をつまみながらよく見ると、送り状のような手紙が入っていた。それを見て船頭は腰を抜かさんばかりに驚いた。それもそのはず、紙には中沢村の下がり松の淵の河童村の長が、飯田の河童王に献上するための人間の肝が詰まっていたのだった。しかもさらに「最近は、人間どもが用心するようになって、いつものように川の中に

引っ張り込んで、肝を取るのが困難になって、思うようにいかず、なかなか肝が取れずに十個まであと一個が足りなくなってしまいました。あとの一人分は、この筏の船頭の肝を取って十個にしてください」と書いてあった。

髭の男は、それを見ると真っ青な顔になったが、やがて真っ赤な顔になって体を震わせながら怒った。「とんでもない目に遭うところだった。おのれ河童めが……」と怒鳴って、預かっていた桶を川に投げ飛ばしてしまった。ところが、人間の肝が落ちてきて喜んだ河童たちが、あちこちから集まってきて、あっちにも、こっちにも、水面に顔を出した。河童たちは、髭の男が乗った筏を見つけると、奇声をあげて筏に近づいてきた。髭の男があわてて、「おい、こら、あっちへ行け、河童め！」と叫んで櫂を振り回したが、河童たちは、ここと思えばあちらに、あちらと思えばこちらにと、変幻自在に顔を出すので、さすがの船頭もとうとう力尽きてしまった。船頭が弱ったとみた河童たちは、大きな奇声をあげて、船頭を乗せたまま、筏を水中に引っぱりこんでしまった。

船頭が河童に肝を取られたのはいうまでもない。

【ひと口メモ】

昔話では、河童は手が長く、力持ちということになっています。相撲が好きで人間と相撲をとっても負けないばかりか、人間が力尽きるまでやるとなっています。この話の髭男が櫂をいくら振り回しても、力尽きてしまいます。結局、髭男が最後の一つの人間の肝になってしまいました。この話では、どっちに転んでも髭男の肝は取られてしまうことになります。最初から、桶を預からなければよかったのですが、大金に目がくらんでしまったのが間違いでした。今の世は、手を変え品を変え、いろいろな詐欺が後をたちませんが、金銭がからむ話には乗らないことですね。

九十九谷と恋娘

南信州の喬木村に九十九谷というところがある。今でこそすっかり造林されて、杉や檜の立派な林になっているが、昔は谷間に険しい崖があちこちにそそり立ち、地肌をむきだしにした岩が幾重にも入り組んでいて、なんとも恐ろしい様相をした谷間だった。そんな場所だったので、九十九谷は昼間でも恐ろしがられていたうえに、夜には山賊が出たり、キツネやタヌキに化かされたりという話も後を絶たなかったので、特に女や子どもは一人で通ることを嫌がっていた。この谷は実際には百谷あったが、うっかり百と言うと恐ろしい鬼が出てきて食われてしまうとか、災いが降りかかってくるとか、いろいろ恐ろしい噂が立っていた。そのため、誰も百と言わずに九十九谷と呼ぶことにしていたのだった。

さてその頃、この九十九谷の近くに、年の頃十七、八でとても気立ての優しい、何事にも控え目な娘が住んでいた。娘はふとしたことがきっかけで、隣村の若者が好きになった。それからというもの、娘は雨の日も風の日も、仕事を終えた後、毎晩のように若者のもとへ通うようになった。しかし、若者には思いを寄せている女がいたので、若者は娘と会ってはいたが、心の中では娘と会うのを嫌がっていた。

娘は隣村の男のもとへ通うには、誰もが嫌がっている九十九谷の急な細道を、夜通っていかなければならなかった。しかし、娘の恋の炎はそんなことは問題ではなかった。娘はこの真っ暗闇の九十九谷を越えて、恋する若者のもとへと通い続けていた。しかし、若者はそのうちに娘と会うことが嫌になってしまった。どうしたら娘と会わずに済むか、若者が悩んでいるとき、たまたま家の近くで旅人の行き倒れがあった。若者はそれを見て「しめた」と手を打った。若者はその行き倒れの死体をかついで、九十九谷でもいちばん狭い道に運び、道をふさぐように横たえた。（これを見れば、さすがの娘も恐ろしくなって引き返していくだろう）若者はそう思っていた。ところがその晩もいつものように娘は息を弾ませてやってきた。若者はびっくりして「途中、何か変わったことはなかったか？」と聞くと、「九十九谷に死人が横たわっていたけど、暗くてよく見えなかったから、踏んでしまった。そうしたら、死人がガバッと口を開いて、私の着物の裾を咬んだまま離さないので、そのまま引きむしって走ってきた」と言う。見ると確かに娘の着物の裾が破れている。若者は娘のことが恐ろしいと思うようになったが、もう逃げられないと観念してその娘と結婚することにした。娘の性格をよく知っている人たちは、「あんなにおとなしい、優しい娘があれほど勇気を持てたのは、やっぱり恋の力というものか」と噂し合った。

娘と結婚した若者は、その後、いく度か苦難に直面したが、そのたびに妻の助言があって苦難をことごとく乗り越え、幸せな人生を送ったという。

【ひと口メモ】

命がけということほど、強いものはありません。命がけの恋の炎は決して消えないものでしょう。この話の結末には、娘の執念が恐ろしくなった若者が村を去ってどこかへ逃げていってしまったとなっている話もあります。「恋は盲目」と言いますが、ここでの娘は気立てがよく、優しくて何事にも控え目の娘でしたが、鬼が出たり、死人がいたりする夜の山道を恐れずに相手の若者に会いに行きました。何も恐れず、ただ一点を目指して突き進んでいくという気力は、恋の魔力というものでしょう。

安珍と清姫

昔、奥州白河の古刹鞍馬寺に安珍という僧侶がいた。安珍は毎年、春の終わり頃に、寺を離れて山伏姿になって遥か紀伊の熊野権現に参拝に行くことにしていた。その年も安珍は山伏姿になって、遥か紀伊の国を目指して白河を後にした。安珍は紀伊の里では、いつも深い信仰心を持った貴人の立派な家に泊めてもらって旅の疲れを癒していた。その家には、清姫という賢くてかわいい女の子がいた。清姫は、安珍から道中の話を聞くのが楽しみだった。そんなことで、清姫はその年も安珍が来てくれたことを喜んだ。清姫は安珍に、奥州のことをさかんに質問した。そんな清姫に安珍は一生懸命に奥州や道中の珍しい話を聞かせた。安珍の話を聞くにつけ、清姫は奥州に行ってみたいと強く思うようになった。「清姫さんが大きくなったら、ぜひ一緒になって奥州に連れていきましょう」と安珍が言うと、清姫は目を輝かせた。

翌年もまたその翌年も、安珍は清姫の家に宿泊しては熊野権現へのお参りを続けていた。その間、清姫の安珍への熱い思いは募っていった。

しかし、どうしたことか、その後、安珍は清姫の家に来なくなった。清姫は安珍に会いた

い気持ちが増すばかりだったが、どうにもしようがなかった。
月日は流れ、清姫は十八歳になっていた。その年の初夏、思いがけず安珍が清姫の家にやってきた。清姫はただただ嬉しくてどうにもならなかった。「安珍さん、前に私が大きくなったら一緒になって、奥州へ連れていってくださると……」「あ、そうだった、そうだった。清姫さまもすっかり大人になられたし、ぜひ奥州へお連れすることにいたしましょう」「ほんとうですか、嬉しい！」清姫の目が輝いた。「熊野権現に参拝した帰りに寄りますから、お待ちください」と、清姫に言い聞かせた。「わかりました。お帰りをお待ちしております」と言って、清姫は嬉しさいっぱいの顔で安珍を送り出した。
さて、清姫は、安珍が帰るのを、今日か、今日かと待っていたが、一向に安珍は姿を見せなかった。清姫は気が気ではなかったが、何かの事情ができたのだろうと思っていた。しかし、待てど暮らせど姿を見せない安珍だった。

（だまされた……）清姫はようやくそのことに気づいた。いてもたってもいられなくなった清姫は、安珍の後を追いかける決心をした。清姫は日置川に飛びこんで、ヘビに姿を変えた。安珍の逃げていく方向を嗅ぎ分けるためだった。

一方、安珍は清姫が必ず追いかけてくると思って、清姫から逃れるために、わざと奥州とは反対の方向へと逃げていった。用心に用心を重ねて日置川を渡り、富田川を渡り、南部川も渡って、後ろを振り向いてみると、大蛇が南部川の上を滑るようにして追いかけてきた。安珍は必死で逃げて日高川までやってきた。見ると丘の上に立派なお寺が見えた。安珍はそのお寺に駆けつけて、「わけあって追われています。どうかかくまってください」と頼むと、「のっぴきならないようですね、それでは鐘の中に隠れなさい」と、安珍を釣鐘の中に入れて、釣鐘を下ろして安珍を隠してしまった。

さて、大蛇に姿を変えて安珍を追いかけてきた清姫は、寺の鐘の中から安珍の匂いがするのを突き止めると、その鐘に体を七重にも巻きつけた。清姫の怒りの炎の熱さで、なんと大きな鐘が溶けてしまい、安珍は焼け死んでしまった。安珍の死を確かめると、大蛇になった清姫は川の深みにゆっくりと身を入れて姿を消していった。

【ひと口メモ】

愛欲と怨念に燃える激しい炎で、釣鐘をも溶かしてしまうという女の執念が爆発したような激しい物語です。この話は『今昔物語集』（巻十四第三）をはじめ、「日立川双子」「道成寺縁起」、謡曲「道成寺」などに出ている有名な話ですが、安珍、清姫両者の名前が出るのは寛保二年（一七四二）に出た「道成寺現在蛇鱗」でした。また、この話は、以降、歌舞伎の道成寺もの、箏曲生田流「鐘ヶ岬」、山田流「新道成寺」などの舞台芸術で道成寺ものとしてさかんに取り上げられるようになりました。ここでは、蛇姫や龍女の我執の象徴として登場していますが、いずれも仏教的な人間観がもとになっています。

あばれ絵馬

昔、東信濃の村長《むらおさ》の家に、生まれつきひ弱な息子がいた。村長にとっては、将来は自分の後を継いでもらわなくてはならない大事な息子だった。村長はなんとか息子を元気で、活発で、勇気のある男に育て上げたかった。そこであるとき、信頼できる部下に相談をしたところ、「神社で元気で威勢のいい絵馬を描いてもらって、願をかけたらどうでしょう」と進言した。村長はなるほどと思い、さっそく一流の画家を招いて絵馬を完成させた。元気がはちきれそうな、実に見事な白馬だった。「これは素晴らしい馬だ。全身に力がみなぎっている、まるで実際に生きていて、今にも飛び出してくるようだ」村長は、さっそく毎日、その絵馬に願をかけつづけた。すると、なんと、無気力だった息子が、見違えるように元気になった。「すべてはこの絵馬のおかげだ」と村長は、ますます絵馬を大切にするようになった。

村人たちも、その絵馬の噂を聞いて、みんなが絵馬に関心を持って見るようになった。絵馬のおかげで村人たちも今まで以上に元気に働くようになり、田の稲も元気に成長した。

さて、秋も近づいて、いよいよ取り入れも間近になった朝、村人が田の見回りに来てみると、なんと、たわわに実った稲が、何者かにひどく踏みつけられたうえ、食い荒らされてしまっていた。田んぼには、いたるところに馬蹄の跡が残っていた。「いったいどこの馬が……」みんなが首を傾げた。しかし、夜に馬を外に出した者は一人もいなかった。さらに不思議なことに、村長の息子が元気になりすぎてしまい、ちょいちょい家を抜け出して、暴れまわったり、喧嘩を売ったりするようになった。(これも、この不思議な暴れ馬と関係があるのかもしれぬ)と村人たちは考えた。そこで、ある夜、みんなで土手のかげに隠れて、馬が現れるのを見張ってみることにした。すると、みんなが寝静まった真夜中頃、いずこからか、立派な体格の白馬が現れて、悠々と稲穂を食いだした。(よし、どこの馬かそっと後をつけてみよう)みんながそんなことを思っている間も馬は、黙々と稲穂を食んでから、ようやく田を後にした。「それ、ぬかるなよ」みんなは緊張して馬の後を追った。馬は、村の神社

の鳥居をくぐるや、スーッと消えてしまった。村人がひょっとして、と絵馬を見ると、何と絵馬の馬の脚に田の泥がついていた。「田を荒らしまわる馬はあの絵馬だったのだ」と、みんなは驚いて茫然と絵馬を見つめていたが、絵馬はピクリとも動かなかった。

村人たちは困って、和尚に相談に行った。和尚はじっと絵馬を見つめていたが、「そうか、そうか……小僧さんや、ここへ墨と筆を持ってきておくれ」と頼んだ。小僧が持ってきた筆に墨をにじませた和尚はおもむろに、馬の口に手綱を描きはじめ、さらにその手綱が太いくいに縛りつけられているように描いた。それ以来、暴れ絵馬は、まったく暴れなくなった。そして、喧嘩をしたり、暴れまわっていた村長の息子も、落ちついた、しっかりした若者になった。こうして暴れ絵馬は、今度こそ、みんなに元気を与える絵馬になった。

【ひと口メモ】

大変面白い発想の話です。我が子が元気であってほしいとは、親にとってのいちばんの願いです。しかしながら元気があまって、時として人に迷惑をかけるようでは困りものです。絵馬の馬は、村長の息子に元気をもたらしましたが、それがいきすぎてしまったようです。この絵馬も自由になりたかったでしょうが、やはり手綱が必要だったということでした。絵馬は、全国各地の寺や神社にたくさんみられます。

雨が大好きな嫁

昔、木曽の山裾に独身でとても働き者の若者がいた。若者は毎日、朝早くから、日が暮れて、カエルが鳴く頃まで働いた。若者は働くのが大好きだったが、嫁さんが見つからないのが寂しかった。それで、若者は毎日、田や畑を耕しながら、心の中で（どうか、いい嫁さんが見つかりますように）とそっと祈りながら、その日を楽しみに仕事に精を出していた。

ある雨の夜、家で草履を作っていると、トントンと誰かが木戸をたたく音がした。（いったい、こんな雨降りに誰だろう？）と思いながら、戸を開けてみると、そこには雨にぬれて、きれいな娘が立っていた。娘は「突然、申し訳ありません。雨に降られて困っています。今夜、泊めてくださいませんか」と言う。何はともあれ、一人暮らしの若者には嬉しいことだった。「こんな所でよかったらどうぞ」若者は喜んで娘を家の中へ招き入れた。

次の日になっても、娘は若者の家を出ていかなかった。娘は家事を引き受け、洗濯をし、飯を炊き、そのうえ若者についていって、野良仕事まで手伝って……。

こうして若者と一緒に暮らすようになった。当然のように二人は結婚した。嫁はよく働いたが、天気がいい日にはあまり外へ出たがらなかった。そのかわり、雨が降ると、喜んで外に出た。（嫁は変わっている、天気の日よりも雨の日のほうが好きなようだ）と若者は思っていたので、二人で散歩をするのも、わざわざ雨の日を選んでいた。若者は嫁の実家がどこにあって、家族はどうなのか知りたいと思ったが、嫁は、そのことに触れられるのを嫌がっていた。

　こうして、一年ほどが過ぎたある日、嫁が「もう一年も過ぎてしまったのですね。私、近いうちに実家へ行ってみたい」と言いだした。「それはいいことだ。きっとみんな喜ぶよ。私も君の家族に会いたいから、一緒に行くよ」と、夫の若者が言うと、嫁はかたくなに「いえいえ、私が一人で行ってきます」と言う。「そうかい、それではそうするがいいよ」と若者も仕方な

く承知した。

次の日は雨降りだったが、嫁はきれいな着物を着て、実家へと向かっていった。夫の若者は、どうしても嫁の実家を知りたいと、密かに嫁の後をつけていった。嫁は田んぼの畦道を抜けて小川のほとりをしばらく歩いて、小さな池の前で立ち止まった。しばらくじっと池の水を眺めていたが、雨足が強くなったと同時にもやが立ちこめて、嫁の姿が見えなくなってしまった。夫の若者があわてて池の岸に来てみたが、嫁の姿はなかった。雨が小降りになって、もやも晴れたが、嫁の姿はどこにもなかった。若者がじっと池の水面を眺めていると、あちこちでカエルが鳴き始めて、夕暮れどきの池の周りは、ひときわにぎやかになった。嫁を見失った腹いせで、若者は池にいくつか石を投げこんで帰った。

次の日、雨の中を嫁が帰ってきたが、頭に包帯を巻いていた。夫の若者が尋ねると、「昨日の夕方、突然、石が落ちてきて怪我をしてしまいました……その石は誰が投げ入れたのか、私にはわかっています。私の正体は、もうおわかりでしょう。私はカエルです。あなたが毎日真面目に働いている姿を見て、あなたの嫁になりたくて……でもこれでお別れです。でもまた、田んぼで働くあなたをそっと、見ています……」そう言うと、嫁はカエルの姿になって、雨の中を一目散に飛び跳ねていってしまった。

【ひと口メモ】

「カエルが鳴くから帰ろう……」という童謡がありますが、カエルは日が沈んだ夕方から鳴き始めます。カエルも昔話にはしばしば登場します。カエルは水と陸とを行き来できる両生類であるために、水神の使者のようにも考えられてきました。水が大好きで、鳴いて雨を呼ぶともいわれてきました。「カエルが鳴けば雨が降る」という言葉もあります。昔話には、人間と異類との婚姻話は数多くありますが、そのほとんどが、異類の正体がわかった時点で破局になっています。ここに紹介した話でも、やはり人間の世界に入りこむことはできませんでした。

犬の婿入り

昔、豪商の家に美恵という美しい娘がいた。何しろ商売が忙しくて、両親が、ほとんど子どもの面倒を見るひまがなかった。そこで、美恵の世話や遊び相手は、もっぱら飼い犬にさせていた。そんなことで美恵は愛犬が親であり、友達でもあった。忙しさに振りまわされている父親は、犬が子どもの面倒をみるたびに冗談で、「この美恵が大きくなったら、お前の嫁にしてあげよう。だからしっかり面倒をみてやるのだぞ」と言い聞かせていた。

それから十年が過ぎ、美恵は立派な大人になり適齢期になった。そして、立派な相手を見つけて嫁に行くことになった。いよいよ嫁に行こうとする日、愛犬が花嫁姿になった美恵の着物の裾を口にくわえて離そうとしない。じっとそのようすを見ていた父親ははたと思い出した。今まで何度も犬の嫁に娘をやると言ってきたことを……。結局、美恵も、いつも一緒に暮らしてきた愛犬と、ずっと暮らしたいと思い直し、愛犬と結婚することにした。

愛犬と結婚した美恵は、世間の噂になるのをさけて、人里離れた山の中で暮らすことになった。美恵と愛犬は山で静かに暮らしていたが、ある日、猟師が美恵と愛犬のようすを見て、美しい美恵にひと目ぼれをしてしまった。そこで猟師は、こっそり愛犬を撃ち殺してしまった。愛犬の帰りを待っていた美恵に猟師は「かわいそうに、さっき、年老いた猟師に犬が撃ち殺されてしまったので、もう帰っては来ませんよ」と告げた。悲しみに暮れる美恵を自分の家に連れて帰った猟師は、まんまと美恵と結婚をしてしまった。

夫になった猟師は、自分が犬を殺したことを悟られないように、注意深く暮らしていた。さっそく二人の間に子どもが生まれた。美恵が「この子が大きくなって、犬と結婚したいと言い出したら困るわね」と言うと、「そんなことは、そのときに考えればいい」と夫はなるべく犬に触れないように横を向いて言った。二年目にまた子どもが生まれた。「この子が歩けるようになって、山の中を犬と歩いていたらどうします？」と美恵が聞くと夫は「その犬を撃ち殺す……いや、そんなわけにはいかん。犬も生きているからなあ」と言いつくろった。次の年にも三人目の子が生まれた。美恵が「この子が大きくなって、もし犬に追われて困っていたら……」と夫に聞いた。「お前は子が生まれるたびに、犬のことばかり聞くが……そんなときにはもちろん犬を撃ち……いや、犬をなだめるしかないなあ」と殺すと言ってしまいそうになったのを危うくかわしてホッとした。次の年にも四人目の子どもが生まれた。美恵が「私、夢を見ました。恐ろしい犬に追われていたら、親切な猟師さんがその犬を撃ち殺して助けてくれました」とホッとした顔で夫に言った。四人の子をさずかったことで、すっかり気を許すようになっていた猟師の夫は、妻の言葉に誘われるかのように、「あの日、お前を初めて見た日、実は、わしはお前の美しさにひと目ぼれしてしまい、犬を殺してお前を手に入れたんだよ」と、本当のことを話してしまった。それを聞いて美恵は、「やっぱり、あなたの仕業だったのね、四年もの間、あなたが尻尾を出すのを待っていたわ、おのれ夫の仇！」と言うが早いか、かみそりで猟師ののどを刺し殺してしまった。

【ひと口メモ】

犬と人間とのかかわりの話、特に忠犬の話は、昔話によく出てきます。犬は人間と生活をともにするようになった最初の動物でしょう。『今昔物語集』にも、犬にさらわれて犬と暮らす女の奇談があります。「犬の婿入り」の話は、西日本に記録がかたよっているようです。特に沖縄には、犬が祖先だったという「犬祖伝説」のような話があります。もともとは犬祖伝説だったものが、「仇討ち」の話へと変化したように思えます。犬を主題にした話では、犬と人間の娘が結ばれて八犬士が生まれるところから話が始まる、滝沢馬琴の『南総里見八犬伝』が有名です。

第三章
土地や人物にまつわる言い伝え

浅間山の怒り

険しい山々の多い山国の信州のなかには北アルプス、中央アルプス、南アルプスをはじめ名だたる山々が連なっている。しかも、どの山もいずれ劣らぬ勇壮な姿のなかにあって、最も優雅な優しい姿の山といえば女神が住むという浅間山かもしれない。しかしその浅間山に住んでいる女神は優雅な姿とは裏腹に大変に気が荒かった。女神がいらだったときなどに、近くにある山々が女神をなだめようとしても、逆に女神にののしられて、みんな黙ってしまっていた。

あたるところ敵なしの浅間山の女神だったが、その女神にはただ一つ、いつも気になっていることがあった。それは、遠く諏訪湖の向こうに、我がもの顔にすまして立っている名無し山の存在だった。自分より美しく高い山などありえないと思っていた浅間山にとっては、女神が住む名無し山は目の上のたんこぶで、邪魔で仕方がなかった。我慢がならなくなった浅間山の女神はある日、名無し山に向かって大声で「そこでぼんやり立っている名無し山よ、この浅間山とどちらが高いか背比べをしよう」と呼びかけた。名無し山からはしばらく返事がなかったが、名無し山の女神もかなり気が強かったので、やがて、「望むところだわ、私の山より美しくて高い山などあろうはずがないのに……ばかなことだわ」と応じて、さっそく浅間山の挑戦を受けることになった。そこで浅間山は、男友達の、雲に頭が届くような巨人のデイダラボーに頼んで長い長い樋《とい》を二つの山の頂上に渡してもらった。デイダラボーは、さっそく大きな桶を持って、諏訪湖へ行った。そこで大きな桶に諏訪湖の水をいっぱい汲んできた。デイダラボーは、その桶の水を樋の中央に流した。水はどんどん浅間山の方に流れてしまった。それを見た浅間山は怒り狂って、デイダラボーに「あの憎らしい山を低くするために、思い切りぶんなぐっておくれ」と涙声で頼んだ。そこでデイダラボーは名無しの山の頂上辺りをボコボコと力いっぱい叩いて回った。そのため美しい姿をしていた名無し山には、八つもの大きなたんこぶができてしまい、山もへこんでしまった。それを見て浅間山は、もう一度高さ比べをもちかけた。仕方なく応じた名無し

山だったが、なんと今度も水はゆっくりだったがまた浅間山のほうに流れてしまった。それを見て再び怒り狂った浅間山は頭から湯気を出して怒ったが、とうとう頭から火を吹き出してしまった。

それ以後浅間山は時々噴火をするようになった。一方、デイダラボーにしこたま頭を殴られて、八つものこぶができてしまった名無し山は、「八ヶ岳」と呼ばれるようになったという。また、この浅間山の女神は巨人デイダラボーと結婚をして夫婦になった。その後、デイダラボーは、近江にあった富士山を引っこ抜いて、駿河に持って来てしまった。富士山が引っこ抜かれた跡には水がたまって、大きな湖ができて琵琶湖となった。富士山は、浅間山より高くて美しかったが、そのことは浅間山の女神には内緒にしていた。富士山は浅間山からは、はるか遠くにあったので浅間山の女神は気づかなかったのだった。

【ひと口メモ】

昔話に登場する巨人は「ダイダラボッチ」「ダイダラホウシ」「デイラボー」「デイラホン」など、さまざまに呼ばれています。この巨人が残した足跡の話が多くあります。相模野の大沼は、むかし富士山を駿河に運んだときにできた足跡の窪みだとか、群馬県の赤沼は、デイダラボーが赤城山に腰かけてふんばったときの足跡だとか、足跡の話が多くなっています。

　こうした巨人はデイダラボーのほかにも、昔話には、四国の孫太郎、九州の大人弥五郎、味噌五郎など、いろいろな巨人が登場しています。また、山々には女神が住んでいたという話も多く、女神同士の争いの話がよく見られます。

かくれ里のなぞ

昔、南信濃の赤石山脈の麓に、山仕事と猟でみんなが暮らしを立てている山村があった。その村に喜平という猟師がいた。猟師の喜平は毎日獲物を追って、山の中を駆け回っていた。しかし、その頃は、山の獲物が少なくなって、猟師の暮らしも大変になっていた。

そんなある日、喜平は、いつものように猟に出た。その日も、なかなか獲物に恵まれないまま、日は西に傾きかけていた。それを見て喜平がため息をつこうとしてふと見ると、林の向こうに、大きな熊が見えた。（しめた、これ以上の獲物はない）と喜平が素早く銃を構えたが、それを察知したのか、熊は山奥へと逃げ始めた。喜平は逃がしてなるものかと必死に追いかけた。熊を追いながら喜平は、どんどん山奥へと分け入ってしまったうえに、とうとうせっかくの獲物を見失ってしまった。喜平ががっかりして大きくため息をついていると、どこからか人間の泣き声が聞こえてきた。喜平が急いで行ってみると、粗末な着物を着た女の子が、足に大怪我をして泣いていた。どうやら岩に登って遊んでいて足を滑らせて落ちたらしい。喜平は女の子の足を手ぬぐいで巻いてから、背負って女の子の住まいまで送っていった。山奥深い鬱蒼とした森の中に、隠れるように女の子の小さな家があった。周りにも

二、三軒の住まいらしき小屋が見えた。（こんな山深いところに人がいたとは……）と喜平は驚いた。女の子の家は、質素な小屋のような家だったが、温かい感じが漂っていた。がらんとした家には誰もいなかったが、裏に回ってみると母親が畑の手入れをしていた。大怪我をしている娘を見て母親は、びっくりして走り寄ってきた。娘を部屋に寝かせてから、母親は喜平に心から礼を言った。「こんなところでは、こんなものくらいしかありませんが、どうかお持ち帰りください」と、庭先に吊るしてあった干し柿を五、六個取ってくれた。そして、「もうすぐ日暮れになります。奥山を下りるまで送ってまいりましょう」と言って母親が、喜平が迷いこんだ辺りまで送ってくれた。別れ際に母親は「今日のことは、誰にも話さないでもらいたいのです」と言って帰っていった。喜平が振り返って見ると、母親の姿は林の中へ消えていた。

喜平は家に帰ってからも、その日の出来事が信じられなかった。が、みやげにもらった柿があるから、やはり本当だったと思うほかなかった。（それにしてもあんな山奥に人が住み着いているとは）と首を傾げるしかなかった。（もう一度行って確かめてみよう）と思った喜平は、そっと知人の猟師にことの次第を話して、二人で確かめに行ってみたが、あのときの家はみつからなかった。喜平は（おかしなことだ、やはりあのときのことは幻だったのか……）と思うようになった。

それからしばらくしたある日、喜平は、またいつものように獲物を追って山中にいたが、喉が渇いたので谷川に下りた。ふと見ると、川上から木の食器のようなものが流れてきた。不思議に思って手にとってみると、それは確かに木をくりぬいて作ったと思われる食器だった。（確かにこの山の奥深くには人が住んでいる）喜平は今度こそ確信した。そのことを村人に話した。びっくりした村人たちは、さっそく屈強な者数名で奥山へ捜索に出た。山奥のそのまた山奥に、やはり小さな小さな集落が見つかった。喜平が助けた子も親切な母もそこにいた。その隠れ里に住んでいた七、八人は、平家の落人の子孫だった。人目を避けていたので、人間社会とは縁を切って奥山でひっそりと暮らしていたのだった。喜平が二度目に見に行ったときにあるはずだった家がなかったのは、見つかることを恐れて、集落の全員がすぐに今の地に移り住んだということだった。

【ひと口メモ】

この話のように、かくれ里といわれる場所は、けっこうあちこちにありました。どこも人里離れた山奥です。現代ではそんな場所はもうなくなりましたが、かつて終戦を知らなかった軍人の小野田さんが、何十年もジャングルのかくれ里に潜んでいました。かくれ里としては、平家の落人が住んでいた場所が有名です。この話も平家の落人集落だったのです。南信濃の長谷村（現・伊那市）に壇ノ浦にちなんで名づけられた浦という集落がありますが、代表的な平家のかくれ里と言われています。中世の『物語草子』には、女だけが住み、白いねずみが多くいるかくれ里に迷いこんだ翁が不老不死の妙薬や砂金をもらって帰る、という珍しい話もあります。

南無阿弥陀仏のなぞ

昔、親鸞聖人が供の者二人を連れて、信濃路を旅していた。

一行は山越え谷越え、東信濃の坂城までやってきた。そこで一行は立ち止まってしまった。渡し舟に乗って千曲川を渡るはずだったが、このところ降り続いた雨で水かさが増し流れもかなり速くなっていた。「一難去ってまた一難だ。これでは渡るのは無理だろう。しかし、今日はどうしても渡らなければ……」と困ったが、近くには川を渡ろうと舟を待っている人が三人いた。「やれやれ、何とか今日中に渡れそうだ……」親鸞聖人はホッとした。やがて渡し舟がやってきた。まず、先客の三人が乗船した。続いて親鸞聖人の一行三人が乗ろうとすると、船頭が「おいおい、坊さんたち、今日はいつもより流れが速いで、料金も高くなるが、船賃は大丈夫だろうな」といぶかしげに言う。「いや、長旅ゆえ船賃は持ち合わせないが、どうしても今日中に渡らねばならぬゆえ、何とかお頼み申します」と頭を下げると、「銭のない者は乗せるわけにはいかぬ、さあ下りてもらおうか」と大声で怒鳴って三人を下ろそうとする。「今は銭の持ち合わせはないが、船賃より多くの銭を払うことができる方法があるが……」「何、銭が払えると？　それはどういうことか？」「とにかく舟に乗ってからしっかり教えましょう」聖人が言うと、船頭は「まあいい、とにかく乗れ！」と怒鳴るように言って舟を出した。親鸞聖人は舟に乗ると、紙と筆を出しておもむろに「南無阿弥陀仏」と大きな字で紙に記した。「これを船賃の代わりにしてください」と、船頭に渡した。漢字が読めない船頭は目を白黒させて「こんなものが銭になるわけがない。だましたな」「いやけっこうな銭になるはずじゃ、その紙を寺に持っていって、坊さまに読んでもらいなさい」と言う。「うまくだまされたが、まあ乗せてしまったのだから仕方あるまい」と言って、船頭は追い立てるようにして親鸞一行を舟から下ろした。そんな船頭に向かって親鸞聖人は「その書き物を近くの寺に持っていって見せるがいい」と念を押したが、船頭は横を向いたままだった。

それからしばらくしたある日、渡し守の船頭は、旅の僧の書き物のことが少し気になって、近くの寺を訪ねた。その寺の住職は物知りで名が知れていたのだった。船頭から書き物を見せられた住職は、しばらくそれを食い入るように見つめていたが、大きく息を吸ってから、「おい、おい、これは大変なものだ。これは親鸞聖人さまの書ではないか。めったに手に入るものではないに、お前さんが持っていても仕方なかろう、どうだね、これをわしに譲ってくれまいか……もちろんそれなりの銭は払う」「へーそんなに価値があるもので？わしが持っていても仕方がないで、寺のものにしてください」船頭はこうして思わぬ大金を得ることができ、あらためてその日、みじめそうに見えた親鸞聖人を粗末に扱ったことを後悔して、親鸞聖人を敬うようになった。

【ひと口メモ】

親鸞聖人は鎌倉時代初期の高僧です。僧、法然の教えを受けた後、浄土真宗を開きました。あちこちを熱心に回って農民などの暮らしをつぶさに見て歩いて、多くの農民が信仰しました。この話では親鸞があえて名を明かさずに、船頭に対してやっとのことで川を渡ることができました。いつも相手（主として農民）と同等の立場に立って行動した親鸞の姿が窺われ、親鸞の日常の姿を思い浮かべることができます。

のどが渇いた坊さま

ある日、一人のみすぼらしい坊さんが、田舎道をとぼとぼと歩いていた。坊さんは先ほどからのどが渇いて、あえぎながら歩いていた。しばらく行くと、前方にたわわに実っている梨園があり、せっせと働いている農夫がいた。みすぼらしい姿の坊さんは急いで農夫のもとに走り寄った。「申し訳ないが、その梨を一ついただくわけにはいきませぬか。何しろのどが渇いて困っております」と頼んだ。農夫は作業の手を止めて、ジロリと坊さんを見た。あまりにもみすぼらしい姿の坊さんを見て、農夫は薄笑いをしながら「この梨は見たところはいい梨に見えるが、実はみんな石のように硬くて、とても食べられる代物ではないので……」と言って大笑いした。「そうですか、それは残念です。私にとってもあなたにとっても……」坊さんはそう言うと、またとぼとぼと歩いていった。変な坊さんを追い払って清々した農夫が、「やれやれ」と言いながら梨を一つもぎとってかじってみて驚いた。梨が石のように硬くなって歯が立たなくなっていた。

梨を食べそこなった坊さんが、しばらく行くと、今度は桃畑に桃がたわわに実っていた。そこではお婆さんがせっせと草むしりをしていた。みすぼらしい坊さんはそのお婆さんのところへ行って、「のどが渇いて困っています、どうかその桃を一つ恵んではくださらぬか」と頼むとお婆さんは、しげしげとみすぼらしい姿の坊さんを見て「恵んであげたいが、何しろこの桃は苦くてとても食べられないのじゃ」と、意地悪そうな目で言った。「そうですか、それは残念です。お婆さんにとっても、私にとっても」と言って坊さんは仕方なくまたとぼとぼと歩いていった。「あんなみすぼらしい坊主にやる桃などあるものか……やれやれ」と言いながら、お婆さんが桃を一つとって食べてみると、なんと甘いはずの桃が苦くてとても食べられなかった。（まさか）と思いながら、ほかの桃も食べてみたがどれも苦くて食べられるものではなかった。とうとうお婆さんは泣きだしてしまった。

坊さんはまたしばらく歩いたが、いよいよのどの渇きが激しくなって、歩くこともできなくなって道端に座り込んでしまった。そこへ、ちょうど野良仕事から帰ってきた娘が通りかかった。坊さんはかすれ声で「娘さん、娘さん、私はのどが渇いて、渇いて困っています。どうか水を一杯いただけませんか」と頼んだ。すると娘は「あいにく私の水入れの竹筒も空になってしまいました。でも近くの森の中に湧き水があります。そこへ行って水を汲んで参りましょう。しばらくお待ちください」と言うが早いか、大急ぎで森の方へ走っていった。しばらくすると、娘は持っていた竹筒いっぱいに水を入れて帰ってきた。それを坊さんに差し出しながら、「さあさあ、お水ですよ、どうぞお飲みください」と言った。坊さんは、ゴクゴクと息もつかないように一気に水を飲み干してしまった。坊さんは大きく深呼吸をして生き返ったようになった。「おかげさまで元気になりました。何もお礼ができませんが、家に帰ったらこの杖で庭の隅をついてみてください……それでは」と言って、娘に自分が使ってきた杖を渡した。（変なことを言う坊さんだな）と首を傾げた娘だったが、家に帰って庭の隅を杖でついてみると、なんとそこから清水がこんこんと湧き出てきた。

みすぼらしい身なりの坊さんは、実は弘法大師さまだった。

【ひと口メモ】

全国を行脚して歩いた弘法大師（空海）に関する話は、全国に広がっています。昔話の一つの項目にしてもいいくらいです。話はすべて架空の話ですが、弘法大師の偉大さを伝えるためと、人には哀れみと優しさで接しなければいけない、悪い行為をすれば必ず罰が当たるという教えを説いています。「弘法栗」「弘法の衣」「弘法と麦」「弘法の麦盗み」「弘法水」「弘法機」など、多くの話が伝えられています。

白龍の大池

昔、御嶽山の麓、飛騨の国（岐阜県）日和田の里にある長者屋敷に、木曽の開田の里から長峰峠を越えて奉公に来ている働き者のちんま（美しい娘）の美代という奉公人がいた。そんな美代のいちばんの楽しみは、昼休みに近くの山中で岩の間を流れ下る谷川にたたずんで、清らかな流れを眺めながら、開田の里にいる母親のことなどを思い出すことだった。

ある日、いつものように谷川の岩場に来てみると、小三郎という若者が谷川に糸をたれて岩魚を釣っていた。色白の若者は、山里では見られないような美男子だった。美代はひと目でその若者に心を奪われてしまった。次の日も小三郎は谷川に糸をたらして岩魚を釣っていた。美代もまた川辺に座って、じっと小三郎の姿を見つめていた。次の日も、美代は川辺で色白で貴公子のような小三郎の姿を見つめていた。小三郎も美代が来ていることには気がついて、時折、美代のほうへ目をやることはあったが、特に美代を気にかけるようすはなかった。

それからも小三郎は、天気さえよければ、毎日欠かさず岩魚釣りにやってきていた。美代も毎日、その姿を見つめていたが、ひとり胸を焦がすだけでどうしても小三郎に近づいて声

をかける勇気が出なかった。美代が毎日、毎日、胸を膨らませながら、どこの誰ともわからない小三郎に会いに来ているというのに、小三郎のほうは、時折、美代に目を向けるものの、美代に関心を示すような素振りは見せなかった。そうなるとよけいに美代の気持ちは燃え上がるばかりとなった。美代は、なんとしても小三郎に近づき、言葉を交し、小三郎の胸に飛びこむことができたら死んでもいいとまで思いつめた。

とうとう美代は小三郎に近づくために命がけの方法を考えた。（私が岩魚に変身してあの方の釣り針にかかれば、あの方のもとへ行くことができる）そう思った美代は、それからひまを見つけては、林の奥にある神社へ行って、岩魚に変身できるように祈り続けた。

ある日、美代はいつものように昼休みに谷川の岸辺に来て、小三郎の岩魚釣りを見ていると、急にのどが渇いてきた。美代が我慢できずに川の水をすくって飲んだ。冷たい水がのどを通って心地よくなったと思う間もなく、気がつくと美代は美しい肌の岩魚に変身して谷川の中にいた。ふと見るとあの方、小三郎が目の前に立って釣り糸をたらしていた。岩魚になった美代は夢中でその針を口に入れた。とたんに美しい岩魚になった美代の体が宙に上っていった。形のいい美しい岩魚を釣って、小三郎はご機嫌だった。小三郎の手でしっかり握られて岩魚の美代は陶酔の心境になった。ちょうど昼時だったので、小三郎はさっそく釣ったばかりの美しい岩魚を焼いて食べてしまった。そのとたん、激しいのどの渇きを覚えて、小三郎は谷川の水をガブガブと飲み続けた。そのたびになんと小三郎の体はどんどん大きくなって、やがて角が出て、牙が出て、みるみるうちに巨大な白龍に変身した。その次の瞬間、目の前の地面が大きく割れて、谷川の水が流れ込んで巨大な池ができた。白龍になった小三郎は静かにその池深く身を沈めていった。白龍の大池が杣山《そまやま》（木を切り出す山）に出現したことから杣池《そまいけ》とも、また小三郎池とも呼ばれるようになった。

今でも、この白龍の大池は、人を近づけさせないような静寂の森の中で、美代を呑みこんだ白龍が姿を隠してひっそりと暮らしているという。

【ひと口メモ】

　これは長野県の木曽から長峰峠を越えて岐阜県に入った高根村（現・高山市）に伝わる伝説に基づいた物語です。この話と同じ系統にあるのが長野県に伝わる泉小太郎の話ですが、ここでの話は白龍になった後の、白龍のようすがないのが残念です。湖や川の淵、深い池、滝つぼなどは、龍宮城につながっていると考えられてきました。そこには龍王がいます。ここでの白龍も龍宮へ行ったということでしょうか。娘のところへ夜な夜な通う若者が実はヘビ（龍）だったという話はありますが、この話のように娘が若者に接近していくという話は珍しい部類です。恋は盲目ということでしょうか。

仙丈ケ岳と駒ヶ岳

昔、昔、天竜川の東側と西側とに、ダイダラボッチとデイラホンという二人の大男が住んでいた。二人とも小山ほどもある大男だった。ダイダラボッチは天竜川の東を、デイラホンは西をそれぞれ縄張りにしていたが、お互いに相手の縄張りを侵略することもなく、仲良く暮らしていた。しかし、その仲が急に険悪になってきた。原因は恋争いだった。天竜川の西と東を結ぶ渡し守の娘が年頃になって、二人の大男が自分の嫁にと思ったからだった。娘は西の大男のデイラホンに恋していて、黒い愛馬に乗って西の大男のもとを訪れることが多かった。それでも東の大男のダイダラボッチの機嫌を損ねてはいけないと思って、たまには愛馬に乗って東側の大男のもとへも行っていた。そんなことで二人の大男は次第に気まずくなっていった。二人の大男の間では、黒馬に乗ってくる娘の争奪戦が静かに始まっていた。

二人の大男にせまられて、娘は困ってしまった。密かに西の大男に恋していた娘は、悩んだ末に「二人で力比べをして勝ったほうにお嫁に行きます」と約束してしまった。

娘は心の中で西の大男が勝つように祈っていた。こうして二人の大男はさっそく力比べをすることになった。「明日の朝、一番鶏が鳴くまでに、土を運んでどちらが高い山をつくれるかを競うことにして、勝ったほうが娘をめとることにしよう」と約束した。二人の大男はさっそく西の広い草原と東の広い草原にそれぞれ、もっこで何回も土を運んだ。

こうして一日のうちに天竜川をはさんだ東西に、それぞれ天まで届くと思うほどの高い山ができてしまった。東の空がわずかに明るくなってきて、ぼちぼち一番鶏が鳴きそうになった頃、西の大男のデイラホンはすでに九百九十九回もっこをかつぎあげて、もう一回で千回になるというとき、ふと東の山を見た。どう見ても自分の山のほうが高く見えた。「なんだ、もう一番鶏が鳴く、苦労してこれ以上重い土を運ぶこともあるまい。こちらの勝ちは間違いないことだ」と、そこまでせっかく運び上げてきた、千回目のもっこの土を目の前に捨ててしまった。

一方、東の大男ダイダラボッチも必死に土を運び上げた。もう夜明け寸前というときに、最後のもっこを運び上げた。そこで運び上げたもっこの数はちょうど千回になった。

やがて一番鶏が鳴いて夜が明けた。二人の大男は、両方の山に長い樋を渡してから、諏訪湖の水を大きな桶にいっぱい入れてきた。それを樋の中間から流した。すると、水は西の山に向かって流れて、勝ち誇った気持ちでいた西の大男デイラホンの負けになってしまった。

結局、娘は東の大男ダイダラボッチのもとへ嫁入りすることになった。西の大男が最後のもっこを運び上げていれば、どちらともいえないいきわどい勝負になったが、最後の一回を怠った西の大男は嫁に迎えるはずだった娘を失ってしまった。娘は好きだった西の大男、デイラホンのもとへ嫁ぐことができずに悲しみ、黒い愛馬を西の大男に譲った。東の大男のつくった山は千回分のもっこの土を乗せたことから「千乗ケ岳」（仙丈ケ岳）と呼ばれるようになり、西の大男がつくった山は、娘が愛馬を贈ったことから「駒ヶ岳」と呼ばれるようになった。また、西の大男が九百九十九回まで運びながら、最後の一回を駒ヶ岳の手前に捨ててしまったときにできた小さな山は「前岳」と呼ばれるようになった。

【ひと口メモ】

中央アルプスの最高峰の駒ヶ岳と、南アルプスのクイーンと呼ばれる仙丈ケ岳にまつわる話です。実際に駒ヶ岳（２９５５メートル）仙丈ケ岳（３０３３メートル）と、仙丈ケ岳のほうがわずかに高くなっています。駒ヶ岳には春先になると雪どけが始まって、黒い駒（馬）形が見えるようになります。これが見えると、農家の野良仕事が始まります。仙丈ケ岳は、伊那谷から見ると実に美しい姿の山で、クイーンと呼ばれるにふさわしい山です。娘が嫁いだ山ということで、娘のように美しく、優しい山になったのでしょう。なお、駒ヶ岳には「天かける神馬」「濃が池の機織娘」といった話もあります。

十万山とジタジタ峠

昔、戦国時代、甲斐の武田信玄は天下を取ろうと、手始めに伊那谷へ攻め入ってきた。勢いづいた武田軍の進撃に、恐れをなした下伊那の武将たちは、戦わずして武田信玄の軍門に降ってしまった。しかし、そんななかで飯田の上久堅にある、神之峰城だけは武田の大軍に立ち向かった。武田の大軍を相手に僅かばかりの軍勢では太刀打ちできないことはわかっていたが、城主は何も戦わずして軍門に降るのは忍びなかったのだ。

武田軍が神之峰城を攻めるために、じわじわと迫ってすでに大島城を落として迫ってきているという情報が城にも届いた。城では武将たちが、武田の大軍を迎え撃つための作戦を一日中話し合っていた。しかし、なかなか良い作戦は浮かばなかった。そんな中で一人が、「武田の大軍にはまともに戦っても太刀打ちできない。敵を欺く作戦を考えようではないか」と案を出した。するとまた一人の武将が「それはいいことだが、どうして敵を欺くかだ」と首をひねった。「まず藁を集めて藁人形を作って、それを敵方から見やすい山の上に立てておけば、遠くから見れば大軍が山にいると見えよう。敵はそれを見ればしばらくは攻撃を躊躇するだろう」それを聞いたみんなは「それは名案だ。さっそく実行しよう」さらにもう一人が「夜になったら、そこへ提灯をかざして、時折太鼓を打てば驚くだろう」と言い、さっそく実行に移すために藁や提灯を集めた。

さて、大島城を攻略した武田信玄の大軍は、勢いのまま神之峰城に迫ってきた。神之峰城を見上げる台地に陣を張った武田軍は、一夜をそこで過ごして、翌朝、いよいよ神之峰城の攻略にかかった。

武田軍には、山本勘助という優れた武将がいた。勘助は目が不自由だったので「隻眼の勘助」と呼ばれていた。その勘助が神之峰城のようすを見ようと近くにあった松の木によじ登ってみると、はるか山の峰の辺りに、たくさんの兵士が陣取っているのが見えた。隻眼の勘助にはすっかり人間の武将に見えたのだった。勘助はすぐ信玄に「敵の大群が後の山に待機しています。今日の攻撃は中止して、夜襲をかけるのがよろしいかと思います」と進言した。さすがの信玄も大群がいれば、たとえ勝ったとしても、自軍の兵を大勢犠牲にしてしまう、と考えて勘助の進言を聞き入れて作戦を夜襲に切り換えた。

さて、夜になって武田軍が一気に夜襲で攻めかかると、なんと、大軍がいた辺りに、いっぱいのかがり火が見えるではないか。「夜も大軍が待機している。今夜の攻撃は中止して、しっかり作戦を練り直すことにしよう」と、武田軍はその日の攻撃も中止してしまった。

しかし、こんな作戦は一時をかせげるものの、いつまでも敵を欺き続けることはできず、とうとう落城となってしまった。勝利したとはいえ勘助は欺かれたことを地団駄を踏んで悔しがった。この戦いで、敵の目を欺くために、十万とも見える藁人形を置いた山を「十万山」と呼び、山本勘助が藁人形や夜の提灯やかがり火を敵の大群と思って地団駄を踏んで悔しがった峠を「ジタジタ峠」（ジタンダ峠）と呼ぶようになった。

【ひと口メモ】

武田信玄の伊那谷への侵入では、箕輪の福与城と飯田の神之峰城だけが立ち向かいました。福与城は、飯田、伊那の援軍もあって、二ヶ月近く戦っても決着がつかず和睦となりましたが、神之峰城は援軍もなく四面楚歌だったので、敗北は明らかでした。それがわかっていながら武田の大軍に立ちはだかったことは勇気あることでした。武田信玄の伊那谷攻略では、和睦に持ちこんだ福与城とうまく生き延びることを潔しとしない神之峰城の知久氏の戦いは、伊那谷の戦史として特記されなくてはならないと思います。

カニ問答とカニの別荘

昔、佐久の山麓の蟹沢という谷川のほとりに、和尚が亡くなって無人になってしまった寺があった。村人たちは、なんとか「寺に住職を」と願って探してみたが、なかなか見つからずに、無人の状態が続いていた。ある夜、魚の行商をやっている男が、夜道に迷って仕方なくこの無人の寺で一夜を過ごすことにした。商人がいろりに火を起こして持ってきた魚やカニを焼いて食べていると、「ごめん」と、大声で吠えるように叫んで、旅を続けている雲水と思しき大男が入ってきた。大男の墨染めの衣は破れて汚れ、赤い顔は垢だらけで、両目は両耳辺りまで離れていて、その目はギラギラと光っていて、異様な感じだった。「ここで休もうとする者は、この雲水のわしと問答をして、勝たねばならぬ……」と言って大声で、「両足八足大足二足、横行自在両目天を差すとは、これいかに?」と問うてきた。もとより商人は商いのことしか知らない。ほかのことはまるで関心がなかったので、一応、一生懸命考えてはみたが、なんのことかさっぱりわからなかった。「申しわけないが、わしは旅の商人で、問答などとてもできません」と言うと、雲水は「このばか者、カアーッ」と叫んで、持っていた如意棒で、商人の頭を思い切り殴りつけた。「ウ、ウー」と唸って商人の男は頭をかか

えて倒れてしまった。それを横目で見て、雲水は無言でどこかへ行ってしまった。

こんなことがあってからも、何人かの旅人がこの無人寺で一夜を過ごそうとしたが、そのたびに変な雲水が現れて、「四手八足、両目天を差す、とはいかに？」と問いかけて、旅人が答えられないと「カーッ」と言って、如意棒で旅人の頭を殴ってどこかへ姿を消すということが相次いだ。それで誰もその無人寺には近寄らなくなった。

さて、そのころ、日輪法師という名僧が諸国を巡る修行をしていたが、この無人寺となぞの暴力雲水の噂を聞いて、この村にやってきた。「変な雲水が出るというが、私にはその雲水の正体の見当がついているから、私が正体を暴いて退治してしんぜよう」と言って、村人たちの止めるのも聞かずに、無人の寺に入った。

法師はあらかじめ枕元に斧を置いて、本堂で横になっていると、地震がきたかのように寺全体がユラユラ揺れたと思うと、また、雲水が現れた。「そこの旅の僧よ、問答をしよう……四手八足、両目天をにらむとはこれいかに？」とドスのきいた低い声で言いながら、旅の法師に近づいてきた。法師は寝たふりをしてそのまま横になっていると、雲水はいつものように如意棒をかざして「エイ！」と殴りかかってきたが、その瞬間、旅の法師はとび起きて、斧をつかむが早いか「この化け物！」と大男の雲水を斬りつけた。雲水は「ギャー」と悲鳴をあげて、ふらつきながらどこかへ姿を消していった。

次の朝、心配した村人たちは、旅の法師が無事だったことを喜んだ。それからよく見ると、法師に斬りつけられた雲水の血が、点々と続いていた。みんなでその跡を辿っていくと、蟹沢の奥深い岩穴の中で、体中血だらけになって息絶えている大ガニがいた。

あとでわかったことだが、無人の寺は、大ガニにとっては大切な大切な別荘だった。その別荘を守ろうと、カニ問答をしかけて必死に抵抗していたのだった。

【ひと口メモ】

この問答の答えはカニですが、カニの登場する有名な話に「猿蟹合戦」があります。カニは不思議な力を持つと考えられてきました。この話のようにカニが山寺にすむ化け物として登場し、旅の僧侶などによって退治される話はいくつかあり、その際の「蟹問答」は、蟹寺、蟹沢などの由来となっています。カニの登場は『日本霊異記』や『今昔物語集』などにも見えます。沖縄には子どもが生まれたとき、カニを這わせて健康を願う風習があります。殻を脱いで成長するカニに「生命力」のような力を見たのだと思います。

さらば大山桜

信濃の国、箕輪の里にある番場原公園に、人々に勇気を与えるという「前向き観音」が祀られている。その近くに樹齢五百年といわれている、大空にいっぱいに枝を広げているような、二本の山桜の大木があった。この山桜の大木は、大人が二人でやっと抱きかかえられるという大木で、村人たちはこの二本の山桜を「夫婦桜」と呼んでいた。夫婦桜は春には、枝を精一杯開いて、美しい花をいっぱいに咲かせて、人々を喜ばせてきた。村では毎年、この夫婦桜が咲く頃には、村をあげての「祭り」を盛大に行ってきたので、村人たちにとってはこの夫婦桜は村の象徴そのものだった。村人ばかりか、伊那の里の人々は、折につけこの夫婦桜を見にきて、前向き観音に手を合わせて帰るのが恒例のようになっていた。前向き観音にお参りをすると、不思議に気持ちが晴ればれとして前向きな気持ちになると評判になっていた。大山桜は、夏には枝に葉をいっぱいにつけて、心地よい日影をつくっていたので、山仕事や畑仕事での昼休み場所に利用されてきたが、野遊びをした後や、山菜取り、山歩きの後での休憩場所としても、みんなに親しまれていた。ときには人生の崖っぷちに立たされた失意の人が、この見事な山桜の花を見て、前向き観音にお参りしたところ、にわかに力が湧いて、前向きな気持ちになったという。

このように、前向き観音とともに、多くの人々に希望と安らぎと力を与えてきた夫婦桜だったが、寄る年波には勝てずに、枝が枯れたり折れたりして元気がなくなって傾いてきてしまった。村人たちはみんなが心配して、この夫婦桜を見上げていた。「このままではこの桜が力を失って倒れてしまうのも時間の問題だ」「もし倒れたりしたら、怪我をする人が出るかもしれない。そうなったら大変だ」と、みんなが寄ってたかって心配していた。「万一倒れて怪我人でも出たら一大事だ。何とも残念だが切り倒すしかあるまい」「今度の桜祭りが終わったら切ることにしよう……」ということになって、桜祭りが終わったあとで伐採されることになってしまった。

村中総出でにぎわった祭りが終わって、いよいよ村の歴史を見守り続けてきた大山桜の大木が切られるときがきてしまった。その前日、村では神主さんを呼んでお祓いをしてもらい、みんなでこの桜の大木とのお別れの宴が行われた。集まった人々には涙ぐむ者もいた。「村の誇りだった夫婦桜が消えてしまうのは悲しいねえ」「子どものころはあの木に登って遊んだ……なつかしい」みんながみんな寂しい思いで神主さんのお祓いを見つめた。伐採の無事を願ったお祓いが終わって、いよいよ明日は伐採ということになった。

その夜中、みんなが寝静まったころ、突然、ドドドーン！　と大地を揺るがすような大音響が村中に轟き渡った。村人たちは「何事か？」とみんなが外に飛び出してみると、お祓いが終わったばかりの大山桜の木が、二本そろってまるで寄り添うように倒れていた。

「大山桜は自分の最期を知って、人間に切られる前に仲良く一緒に倒れたのだ……人を傷つけないように誰もいない夜中を選んで……」人々は、誰もが夫婦桜の最期を愛しんだ。

【ひと口メモ】

この話は、実際にあったできごとがヒントになっています。新潟県の糸魚川市には「大野神社のケヤキ」という、似た話が伝わっています。日本では昔から特に大木には精霊が宿るという信仰があり、この話もそれを背景に置いています。昔話のなかには大木には木の精が宿っているという話がいくつかあります。木が娘に恋をしてしまう話や、切られた大神木を長野の善光寺や京都の三十三間堂の棟木にしたという話もあります。この話は人間と大木の心が通じ合っていたという話です。

諏訪に住みついた夫婦神

昔、昔、さらに大昔の話です。

神の国の支配者だったアマテラスオオミカミは、下界にある地も支配しようと、タケミカヅチの神を出雲の国（島根県）の伊那佐という海岸に遣わした。当時の伊那佐はオオクニヌシノミコトが、スセリビメとともに住んでいた。タケミカヅチの神は「この国をアマテラスオオミカミに譲るように」と迫ったが、オオクニヌシノミコトの息子タケミナカタノミコトは、父オオクニヌシノミコトが守ってきた国は譲れないとしたため、タケミカヅチの神とカ比べとなったが、敗れて、妻のヤサカトメノミコトと信濃の国、諏訪湖の畔まで逃れてきて、そこを住処に決めた。「タケミナカタが敗れる」の報を聞いた父のオオクニヌシノミコトは、自ら命を絶ってしまった。

さて、諏訪にやってきたタケミナカタノミコトは、守屋山を背にした湖畔に住むことにして、そこに館をかまえてお妃のヤサカトメノミコトと住むことにした（後の上社）。みんなはこの二人の神さまのことを「お諏訪さま」と呼ぶようになった。タケミナカタノミコトは、諏訪の地が大いに気に入って、諏訪湖の向かい側にも、別荘（後の下社）を建てた。冬に湖面が凍ると、人のいない真夜中に二人の神さまはその氷の上を歩いて別荘へ行ったり来たりして楽しんでいた。二人の神さまが湖面の氷上を歩いた道跡には、氷が盛り上がる。人々はその現象を「お神渡《みわた》り」と呼んだが、誰も肝心の神の姿を見た人はいなかった。

こうして、二人の神さまは楽しい日々を過ごしていたが、だんだん時間が経つにしたがって、お妃のヤサカトメノミコトは、夫の神さまと離れて暮らしてみたいと思うようになった。そのことを夫の神さまに打ち明けると、了承してもらえた。そこでヤサカトメノミコトは、下社の別荘で暮らすことになった。ヤサカトメノミコトは別荘に移る前に、いつも親しんでいた館の前の温泉にゆっくりつかってから出発しようと思った。ゆっくり湯浴みをするので、万一、人に見られては困ると思い、家来のテナガ、アシナガを湯場の両脇で見張らせてから、ゆっくりと湯につかった。それからいよいよ館を出るにあたってヤサカトメノミコトは、いつも親しんでいた温泉の湯を分けてもらって、綿にしみこませて湯玉を作り、それを持って下社へ移っていった。下社に着いてすぐに湯玉を湖に入れると、たちまちそこに温泉がわきだした。ヤサカトメノミコトは、その温泉を「綿の湯」と名づけた。また、上社で最後に湯浴みしたときに、湯の脇にテナガ、アシナガの二人を見張らせた温泉は「脇の湯」と呼ばれるようになった。

お妃のヤサカトメノミコトがいなくなって寂しくなった上社のタケミナカタノミコトは、

一年に一度、真冬に湖面に氷が張りつめた諏訪湖の上を歩いてお妃のいる下社へ行って妃に会っていた。

ある冬、一人の男が、何としても神さまが湖面を渡る姿を見ようと、真冬の湖面を観察していたが、とうとうある厳冬の真夜中にタケミナカタノミコトが、湖面を渡るところを見つけてしまった。男は大喜びで、神さまの姿を遥かに見ながらそっとついて行った。そのうちに神さまの足が止まって、「おい、テナガ、アシナガはおるか」と家来を呼ぶと、「はい、二人ともここにいます」と声が返ってきた。「そうか、氷の上を渡る私を見ようとしている男がいるから、どこかへ連れ去ってくるがいい」と家来たちに命じた。「はい、かしこまりました」と言うが早いか、テナガは長い手を伸ばして男をつかむと、アシナガに渡した。アシナガはどんどん走ってから、「もう、この辺でいいだろう」と言って、男を砂の上に降ろして引き返していった。砂の上に降ろされた男の目の前には、白い波の打ち寄せる駿河の国（静岡県）、三保の松原の海岸が広がっていた。

【ひと口メモ】

信濃の国を最初に開かれた神さまは、諏訪湖畔に鎮座まします建御名方命《たけみなかたのみこと》といわれています。この神さまは大国主命《おおくにぬしのみこと》の第二王子で、武勇に秀でた方だったといわれています。建御名方命は、神話で有名な国譲りの対決から逃れて妃の八坂刀売命《やさかとめのみこと》と越後から北信濃に入り、和田峠を越えて諏訪に入り、さらに南下して天竜川の流域に繁栄して一大勢力を持つようになりました。建御名方命の信濃入りまでの道筋にはこの神さまを祀る神社が、信濃に千社、越後に二千社といわれるほど多くあるといいます。諏訪神社の最大のお祭りは「御柱祭り」で、全国的に有名になっています。

観音坊の尼僧

昔、昔、ある夏の日のこと。ジリジリと照りつける太陽の下、一人の尼僧が疲れきった足どりで歩いていた。尼僧が中央アルプス山麓の宮田村、上の宮のあたりにたどり着いたときにはもう歩けなくなってしまった。その尼僧は、京の都で修行をしていたが、大切な用事を授かって、はるばる陸奥の国（東北地方）まで行く途中だった。都を出てからは、毎日毎日が修行の連続となって、いつの間にか着物は汚れて、草鞋もすり切れてしまい裸足同然で、顔も体も黒く汚れて、尼僧とは思えないほどだった。尼僧は飛騨から信濃に入ってきたが、その間は険しい山岳地帯が続いたので、谷川の水を口にして、山賊におびえながら、木の根を枕にする夜が続いた。尼僧が上の宮に来た頃には、もはや体力は限界にきていた。尼僧はとうとう道端に倒れこんでしまった。そんな尼僧を見つけた村人は、尼僧を近くの無人の寺へ運んで、手厚く手当てをほどこし、もてなした。

尼僧はしばらくするとすっかり元気になった。黒く汚れていた顔は、色白な美人になった。尼僧は、村人からもらった着物に身を包んで、静かに読経もするようになった。そんな姿を見ているうちに、村人たちは尼僧が村の無人寺の住職になってもらいたいと願うようになった。寺の和尚が一年前に病で亡くなって以来、寺は無人のままだったので、村人たちの願いは切実だった。そこで、村長が代表で尼僧のいる寺にやってきて、「尼さま、これもご縁というものです、この寺に留まって住職になってくださらぬか、これは村人みんなの願いです。それに、日照り続きが終わって雨が降るように、雨乞いの祈りもやっていただきたいのです」と、頼みこんだ。そんな言葉を聞いて、尼僧は涙を流さんばかりに感激したが、「私は、都から陸奥の国まで大事なものを届け、伝言を伝えるためにここまでやってきたところです。これから、まだまだ遠い陸奥の国まで行かねばなりません。ほんとうにもうしわけありません」尼僧が涙ながらに頭を下げた。「でも、出立まで三日間、この地がもっと、もっと、豊かになれますように心をこめて祈ります」と言って手を合わせた。

次の朝、尼僧は不動の滝に行って、体を清めるために滝に打たれながら、長い間一心に経を唱え続けた。次の日には、烏帽子山に登って、また一心に祈り続けた。さらに、その次の日も、烏帽子山でまるで憑かれたように、いちだんと声を張り上げて経を唱え続けた。

四日目の朝、尼僧はいよいよ陸奥の国へと旅立っていったが、旅立つにあたって「みなさまには言葉では表せないほどお世話になりました。どうぞ明日、烏帽子山の中腹に横穴を掘ってください、新鮮な水が尽きることなく湧き出してくるでしょう」と言って村を後にした。

半信半疑だったが、村人たちが烏帽子山の中腹を掘ってゆくと、冷たい新鮮な水が流れ出てきた。みんなは歓声をあげながら、冷水をガブガブと飲んだ。その水を飲んだ者たちは、その後、決して病を患うことがなかった。村人たちは観音さまのようだった尼僧に感謝の気持ちをこめて、その水場を「観音坊」と呼んで守り続けたという。しかし、そんなありがたい観音坊がどこにあったのか、尼僧が厄介になった寺がどこにあったのか、今となってはわからなくなってしまったという。

【ひと口メモ】

稲作の歴史をみると、昔は日本中のあちこちで水争いが絶えなかったようですが、現在は水路が整備されて、旱魃での水争いはほとんどなくなりました。しかし、異常気象による大水害などで田畑を根こそぎ持っていかれる水害が、毎年どこかで起こっています。地球の危機が迫ってきていると思わずにはいられません。この話のような人の心のかよったささやかな時代がなつかしく思えます。

神と人間の差

上高地は今では日本有数の山岳観光地になっているが、上高地がまだ神高地とか神垣内と呼ばれていた大昔の頃の話です。

その名のように、神の住む楽園になっていて、そこは穂高見命《ほたかみのみこと》が拓いて一人娘の月見之神子《つきみのみこ》と二人で住んでいた。その楽園のはるか下の集落に住む人間たちは、そんな神の高地にある楽園の存在は知らなかったが、いつともなく、神々が現れる神聖な場所と崇め続けてきた。そんな場所だったので、畏れ多く、誰もその神聖な神の高地には決して近づくことはなかった。

ところが、麓の村に住む好奇心の強い太助という若い猟師が、どうしても一度その「神の高地」を見たくなって、ある日、みんなが止めるのを振り切って、神聖な山に入った。太助は野宿をして、二日目の宵に、まだ誰も足を踏み入れたことがなかった「神が宿るという神の高地」にたどりつくことができた。そこには、青い大きな月だけが天空からやわらかな光を辺り一面に投げかけていた。太助は、その神々しさに胸を締めつけられる思いだった。太助が息を殺して立っていると、「もし、あなた」と、なんとも優しい女の声がした。ハッとして太助が振り返ると、月明かりに映える桜の花の下で、桜の花の中から出てきたような、透き通るような白い装束を身にまとった、今にも消えそうな陽炎のような姿の美女が立っていた。穂高見命の一人娘、月見之神子だった。しかし太助は、太助は、それが月見之神子とは知るよしもなかった。太助は、何か夢でも見ているような、なんともいえない感動を覚えていた。しばらくして二人は、まるで恋人のように、乱れ咲いている花の布団に包まれて動かなくなった。陶酔してしまった太助にはまったくわからなかったが、そこには桜の花をはじめ、四季折々の花々が一斉に咲き競っていた。しかも、その花々は決して散らない花だった。やがて月が沈んで夜明けが近づいた頃、優しい女がやっと口を開いた。「私は人間の温かさというものを初

めて知りました。今夜はこれでお別れしますが、また十日後に来てくださいますか?」と、太助を誘った。いまだ味わったことのない陶酔のなかにいた太助は、即座に「何があっても必ず来ます。何事があろうが必ず」と、固い約束をした。それを聞いた月見之神子は「では、約束しましたよ。きっとね……」と言うと、スーっと青い光を残して消えてしまった。青い光は一直線に穂高岳の峰まで走り、そこで一瞬止まったが、それからあっという間に空の星群のなかに消えていってしまった。優しい女が消えてしまった後も、太助は気が遠くなるような陶酔のなかをさまよっていた。

やっと我に帰って里に帰った太助は、しばらくは神の高地での夢のような出来事の余韻に浸っていたが、五日経ち七日が過ぎると、その余韻からも覚めて、今度は青白い光を残して消えていったあの美しい女が、なんとなく空恐ろしくなってきた。(あんな場所に、あんな時間に若い女がたった一人でいるわけがない、やはりあの女は、魔物か妖怪に違いない。考えてみればよくぞ無事に帰ることができたものだ)と思うようになった。やがて、神の高地での美女との約束の十日目がやってきたが、太助は山を登っていく勇気が湧かなかった。その夜、太助の夢枕に神々しい女神が現れて、「人間は平気で嘘を言うのですね、神は決して嘘は言いません」と言って姿を消していった。

次の朝、太助は深い眠りから覚めることなく息を引き取った。

【ひと口メモ】

人間が神の世界に入りこんで、もう少しで神の世界に入ることができそうなところで、かなわなかった話ですが、もし、神さまがいるとすれば、その神との決定的な違いは「嘘を言うか否か」の一点だとなっています。「神に誓って嘘は言いません」などということもあります。神々の話といえば、日本には神の字のつく地名が多くありますが、そのほとんどが神々との交渉の昔話や伝説が伝わっています。上高地も昔は「神高地」「神垣内」といわれていて、それが上高地といわれるようになったといいます。開祖は穂高見命といわれています。麓には穂高見命を祀った穂高神社があります。

鬼姫物語（鬼無里物語）

昔、北信濃の鬼ヶ里といわれていた山奥の村があった。この村へは、時折、奥山に住んでいる鬼がやってきて、収穫したばかりの穀物や飼育している馬や牛、ときには女、子どもなどをさらっていってしまうと伝えられていた。

さてこの鬼ヶ里村に、さくら、という娘が弟と暮らしていた。姉のさくらは、踊りが得意で、村ではもちろん、近隣の里にまで踊りの名手として名前が知れ渡っていた。姉弟は、いつでも一緒に畑仕事をしたり、山へ山菜採りに行ったりして仲良く元気に暮らしていた。

ある春の日、二人そろって山菜採りをするために、山へ入った。さくらは、わらびや蕗やつくしを採りながら、知らぬ間に弟と離れて山の奥深く入りこんでしまっていた。「いつの間にか知らないうちに、こんなに奥まできてしまった。鬼に見つからないうちに早く帰らなくては……」と大急ぎで帰ろうとすると、風もないのに、笹藪がザワザワと鳴ったかと思う間もなく、ニュッと恐ろしい顔をした大きな鬼が現れて、突然、さくらに「おい、おい、お前は俺の嫁になれ！」と、恐ろしい顔で言った。里で恐れられている巨人の鬼が現れたのだった。鬼といっても角などは生えていなかったが、恐ろしいほど大きく、顔の赤い大鬼として恐れられていたその鬼だった。さくらはあまりの恐ろしさにガタガタと震えて、声も出なかった。「どうだ、俺の嫁になれ、もう家には帰らなくていいから、俺と一緒に山で暮らせ」と迫ってきた。「そ、そんな、急に言われても……」と、さくらが消え入りそうな声で言うと、「何がなんでもお前を嫁に欲しいのだ」と、さくらの手をつかんだ。「どうしてもというのなら、あなたが私より踊りが上手になったら、そのときに考えます」と言うと、鬼は、手を離して、「よし、わかった、その代わり今夜はお前が踊りを踊ってみせろ」と言う。そこでさくらは恐る恐る踊ってみせると、鬼はうっとりと見とれていた。結局さくらは鬼のいる山の中で、一晩中、踊り続けて朝方になってやっと解放されて家に帰ることができた。

さて、それから一年ほどが過ぎたある日、さくらがいつものように山で山菜を採っていると、あのときの大鬼が現れて、さくらの前に立った。「さんざん習って踊りがうまくなった。見てみろ」と言うと、突然踊りだした。首を横に振って、大木のような太い脚をギク、ギクと曲げて、手を上げたり下げたり、思わず吹きだしてしまいそうな、おかしな踊りだが、鬼は必死に踊った。(あんなに一生懸命に踊っている。私はあの鬼と結婚しなくてはならない)さくらは決心した、さくらは鬼に「約束どおり、私はあなたの嫁になります。が、一つだけ約束してください。これからは決して村の人たちを怖がらせないでください」と言うと、鬼は、「そんなことはお安い御用だ、お前さえいてくれれば」と約束した。

さくらが大鬼のもとへ行ったと聞いて、村中が驚き、さくらの身を心配した。それから数日経った頃、村に何日も雨が続いて谷川の水かさがあがって堤防に穴があき、そこから水が流れ込み始めた。みんなどうにも手の施しようがなく、あきらめかけたとき、大鬼が山から大きな岩をかかえてきて、その穴に押しこんで見事にふさいでしまった。おかげで村は危機一髪のところで助かった。

またあるときは、谷川の橋が落ちてしまい、村人が困っていると、大鬼がそばにあった松の大木を押し倒して橋を架けてしまった。村人たちは、今まで恐れていた大鬼が、力になってくれるようになって喜んだ。恐ろしい大鬼を見事に正義の大鬼にしたのは、ほかならぬさくらのお陰だった。村人たちは、さくらのことを、「鬼姫」と呼びながら敬った。また、鬼が出る村、鬼ヶ里村という名を返上して、鬼がいない村「鬼無里村」と呼ぶようになり、さくらが鬼に乞われて、一晩中踊りつづけた山は、一夜山と呼ばれるようになった。

【ひと口メモ】

長野県北部の鬼無里村《きなさ》（現・長野市）が舞台の昔話です。鬼無里村は、その昔は湖だったということで、村名も水無瀬といっていました。この地には有名な「鬼女紅葉」の話が伝わっています。また鬼のように力持ちの「赤鬼の佐治兵衛」という話もあります。どうも鬼とは無縁ではなかったようです。ここでの鬼はいわゆる角が生えた鬼そのものではなくて、巨人で力持ちのうえ、手がつけられない暴れ者、悪者という意味での鬼です。人間である以上、「鬼の目にも涙」との言葉があるように、人間としての涙もあります。その涙を鬼から引き出したのはさくら＝鬼姫でした。優しさに触れたことがなかった鬼が鬼姫の優しい心に触れて、鬼から真の人間に見事に生まれ変わったという話です。

姥捨てない山

昔、信濃の国では、男も女も六十歳を過ぎた老人は、人が踏みこまないような奥山に捨てなくてはならないという掟があった。ある家で、お婆さんが六十歳になったので、どうしても奥山へ捨てなくてはならなくなった。でも、お婆さんはとても元気で腰も曲がらずに働いていたので、奥山などに捨てられたくなかったし、息子もそんなお婆さんを捨てる気にはならなかった。しかし、掟とあれば仕方がないことだった。

息子は嫌がる母親を連れて、泣く泣く奥山へ向かった。奥山で母子は永久の別れの言葉を交わして別れた。息子は泣きじゃくりながらトボトボと家に帰ったが、家に帰ってみて飛び上がって驚いた。何と、奥山で涙ながらに今生の別れをしてきた母親が、ちゃんと家に帰って、笑顔を見せていたのだった。帰りの道々、後悔していた息子は心から喜んだ。息子は母親を奥山へは連れていかずに、人目につかない所に隠して一緒に暮らそうと決心した。そこで裏庭にある納屋の奥に母親を隠して、そっと朝、昼、晩と食事を運んでいた。

そんなあるとき、殿さまは各地の集落の力量を試してみようと、集落に難問を課してきた。息子の集落にも難問がきた。それは「灰で縄をなって持参せよ」というものだった。

息子の集落では「灰で縄をなうなんてできるわけがない、殿さまは我々をもてあそんでいるだけじゃ」「そうはいっても、殿の命とあらば放っておくわけにはいかん……弱ったものじゃ」みんな途方にくれた。息子は、夜、そっと納屋にいる母親の所へ行って聞いてみた。すると母親は、「灰で縄はなえないが、縄を灰にすればいい……縄をそっと焼けば灰の縄になる」と教えてくれた。次の日、息子は灰になった縄を持って殿さまに差し出した。殿さまは感心した。（あの村にはかなりの知恵者がいるようだ）そう思った殿さまは、さらに難問を課してきた。「二匹のヘビをすぐにオスとメスと見分ける方法は？」というものだった。集落ではまた誰もわからなかった。今度もまた息子は、夜中にそっと納屋に行って母に聞いてみた。母親は、「それはちょっと見ただけでは見分けることはできません。見分けるには、真綿を敷いて、その上でヘビを這わせてみなさい。メスならそこでじっとしていて動かない。オスは気持ち悪がってどこかへ行ってしまいます」と教えてくれた。息子はまた殿さまに会って、母が教えてくれたとおりに話した。殿さまはますます驚いて感心したが、もう一度だけ知恵者を試してみたいと、さらに難問を課してきた。それは「二つの同じ形で同じ大きさの木の板で、どちらがオス木でどちらがメス木かを見分ける方法を報告せよ」というものだった。息子は今度も真夜中にそっと母親のいる納屋に行った。難題を聞いて母親は笑いながら、「簡単なことですよ、板を水に入れて、浮かんできたほうがオス木で沈んだほうがメス木です」と教えてくれた。今回も息子が殿さまのもとに答えを届けた。殿さまは「難題の三問を見事に解いてしまったが、それはお前が解いたというのか？」といぶかしげに尋ねた。息子は「実は私の親は奥山に捨てに行ったのですが、住み慣れたわが家に帰ってきてしまいました。仕方なく、納屋でそっと暮らしていますが、その母がすべて解いてくれました」と正直に答えた。殿さまは感心して、「やはり人生経験の豊富で知恵もある老人は大切にしなくてはなるまい」と言って、老人を奥山に捨てる規則をとりやめた。それ以後、「姨捨山」は「姨捨てぬ山」となった。

【ひと口メモ】

この話は有名な「姨捨山」の話で「難題話」「枝折り話」「モッコ話」の三つの型があります。『大和物語』では信濃の国更科郡の話となっています。昔は食糧の生産できる土地が限られ、また「人生五十年」と言われていましたから、働けなくなった人たちということで、六十歳になったら捨てられるということも少しはわかりますが、現在では六十歳はまだ働き盛りで、とても奥山などに捨てられる年ではありません。この話は当時の食糧事情の苦しさから逃れる政策だったことはいうまでもありません。「老いては子に従え」の一方、「知恵は老人に聞け」ということです。深沢七郎の『楢山節考』は、この話がもとになっています。

第四章
心温まる話

地蔵さまの想い

昔、諏訪の里にとても働き者の吾平という百姓の男がいた。

一人暮らしの吾平は、山間にある畑と田んぼをとても大事にしていて、田畑で働くのを何よりも楽しみにしていた。

そんなある日、吾平がいつものように畑仕事を終えて、馬を引いて帰ってくると、突然馬が歩みを止めてしまった。吾平がいくら促しても、馬はどうしても歩こうとしなかった。「どうしたのだ、いったい……」と言いながら吾平がふと見ると、近くの草むらの中から、ひとすじの光が出ていた。(あれはいったい何だ?)そこを掘ってみると、なんと子どもの背丈の半分ほどの地蔵さまが出てきた。吾平は、地蔵さまを馬の背に乗せた。すると今までなんとしても動かなかった馬が、進んで歩きだした。吾平は、地蔵さまを村全体がよく見渡せる丘の上に安置した。それからは毎日、毎日、地蔵さまに手を合わせてお参りを欠かさなかった。

ある日、吾平は急に重い病に倒れた。しかし、必死に地蔵さまの丘まで歩いて、いつもどおりお参りをした。すると不思議なことに、あれほど苦しんでいた病がまるで嘘のように治ってしまった。その噂はたちまち村中に広がった。

それからというもの、病に倒れた者は、このお地蔵さまにお参りすると、いつの間にか病が治ってしまっていた。人々はこのありがたい地蔵さまを「お薬師地蔵さま」とも呼ぶようになった。

村人たちみんなが「お薬師地蔵さま、お薬師地蔵さま」と敬うようになったが、このお地蔵さまは思いがけない、いたずら者の一面も持っていた。

村が見下ろせる丘の上にいるお地蔵さまは、人や馬などが見えると、時折それらの動きを止めてしまうことがあった。特に人間。それも若い娘が遠慮がちに歩いている姿を見るとその歩みをしばらく止めてしまう。いくら娘が歩こうとしても、まったく動けない。そんな姿をお地蔵さまは興味深くじっと見つめているようだった。「あのお

薬師地蔵さまは、いろいろなものが見えすぎるから、興味を持って動きを止めてしっかり見たいのだ。特に若い女の人に対して興味が強いようだ」「困ったものだが、ありがたいお地蔵さまだから仕方あるまい」みんなはどうすればいいのかわからなかった。すると村人の一人が「お地蔵さまの目にいろいろなものが入るのがいけないのかもしれない。お地蔵さまを回れ右させて、後ろの山しか見えないように位置を変えれば」と言った。「それはいいかもしれない。やってみよう」ということになって、村人たちがお地蔵さまを山の方に向けてみた。すると、動くものを止めるようなことはなくなった。しばらくはホッとした村人たちだったが、ある日、吾平がお地蔵さまの顔を見ると、目から涙が流れていた。それを見た吾平は「そうか！」と言って、はたと手を打った。「そうだお薬師地蔵さまは恋人が欲しかったのだ」吾平は、さっそく石工に頼んで優しい目をした観音さまを作ってもらい、薬師地蔵のすぐ近くに安置した。

それからは、お地蔵さまはいつもニコニコ顔になって、今までよりいっそう、村人を病から救って、村人からますます崇められるようになったという。

【ひと口メモ】

お地蔵さんだって、観音さまだって恋をしたい気持ちは変わらないようです。地蔵さまは、もともとは仏教の菩薩ですが、平安時代以降は日常生活と信心の中に広く根づいています。村や町のあちこちに立って、道行く人々を見守ってきました。病はもちろん、この世の苦しみから人々を救ってくれる菩薩さまとも言えそうです。「田植え地蔵」「延命地蔵」「身代わり地蔵」「子安地蔵」など、昔話にはありがたい地蔵さまは数多く登場しますが、そんな地蔵さまだけに、息抜きも恋愛もしなくてはなりません。ここでは恋人の観音さまが現れたので、ようやく心も落ち着いて、今までに増して尊敬されるようになるでしょう。

おむすびの中の小判

昔、あるところに、お爺さんとお婆さんが暮らしていた。二人は裕福だったが、子どもも孫もおらず、寂しい毎日を送っていた。二人はなんとか貧しい子どもを喜ばせてやりたいと考えていた。いろいろ考えたが、自分たちにできることがなかなか思いつかなかった。「みんな貧しい子どもたちばかりだから、せめておむすびぐらいは食べさせてあげよう」とお爺さんが言うと、「実は私もそんなことを考えていましたよ」とお婆さんも大賛成した。子どもたちは、毎日昼前になると近くの広場に集まってきて、遊ぶようになっていた。親たちにとっては、子どもを遊ばせておけば、遊びに夢中になって昼飯には帰ってこず、昼飯抜きで過ごせるから好都合だった。子どもたちもその辺の事情はわかっていたので、遊びに夢中になることが親孝行と思って、親たちの期待にこたえて夢中で遊んでいた。お爺さんとお婆さんは、そんな子どもたちのところへおむすびを作って持っていってやった。子どもたちは大喜びで、我先にと奪い合うようにおむすびを取るが早いか、かぶりついて、たちまちのうちに食べてしまった。お爺さんとお婆さんは、子どもの人数を数えてその数だけおむすびを作ったが、子どもたちのなかに、一人だけ最後に余ったおむすびを取って、食べずに持って帰る少年がいた。

お爺さんとお婆さんは、それから毎日、昼になると子どもの数だけおむすびを作って与えていた。そのたびに、子どもたちは少しでも大きいおむすびをもらおうと、押し合い、奪い合っておむすびを食べた。そんななかで、例の少年だけはいつも残ったおむすびをもらって「お爺さん、お婆さん、いつもありがとう」と礼を言って家に帰っていった。

お爺さんとお婆さんは、いつもその子のことが気になっていた。二人はそっと子どもの後をつけていってみた。子どもは、集落でいちばん粗末な小屋のような家に住んでいた。母子二人で、貧しい毎日を送っていた。それで子どもたちが毎日その場で食べてしまうおむすびを食べずに家に持っていって、母親と分け合って食べ

ていたのだった。「あの子をなんとかしてあげたいねえ」とお爺さんが言うと、お婆さんも「ほんとうにねえ、自分の子と思ってなんとかしてあげたい……」と涙ぐんでしまった。

次の日、お爺さんとお婆さんは、子どもたちにあげるおむすびを作ったが、何を思ったのか、一つだけ小さなおむすびを作っておいた。

その日も子どもたちは奪い合うようにおむすびを取っていき、最後に小さなおむすびが残った。例の少年は最後に残った小さなおむすびを手に取って持ち帰った。「お母さん、今日のおむすびはこんなに小さかったけど、分けて食べよう」と二つに分けようとすると、なんと、おむすびの中からピカピカ光る小判が出てきた。「これは何かの間違いでしょう、すぐに返さなくては……」と、少年は夜道を走って、お爺さん、お婆さんの家に急いだ。お爺さん、お婆さんの家に着いてわけを話すと、お爺さんがにこにこしながら「ほほう、そんなことがあったのかい……それはきっと神さまが、お前さんの正直で親孝行なことをほめてくださったのだよ……それは神さまの贈り物だよ、お前さんのものだよ」と言う。それを聞いて、子どもは嬉しそうに走って帰っていった。お爺さんとお婆さんは少年の後ろ姿を見送りながら「やっぱり、あの子は親孝行で正直者じゃ、いいことをしてよかったなあ」と喜び合った。

【ひと口メモ】

この話は昔話というより、修身童話の原点のような話です。子どもがいない夫婦に子どもが授かり、その子どもが成人して活躍する話は多くあります。それらの話は、実際に子どもを授かることができていますが、ここでの話は、子どもはいませんが、他人の子どもを我が子と思って接して、満足を得ています。また、控え目な子どもは、親思いの素晴らしい子どもです。しかし、今の時代は人を押しのけてでも自分が前に出たいという人が多く、この子どものように控え目で、心優しい子どもが生きにくい時代になってしまっているように思えます。経済成長最優先で超特急のように進む世の中のスピードを緩める必要があるように思えます。

コマ犬の心遣い

江戸時代の話。山深い里に古寺があり、情け深い和尚がいた。

ある日、その寺に、興奮した老人が一人、小さな孫を連れて駆けこんできて、「和尚さま、大変じゃ、ゆんべ裏山からオオカミの群れが現れて、孫が襲われたんじゃ。みんな蔵に逃げこんでなんとか難を逃れることができたが、オオカミは一度狙いをつけると何度でも襲ってくるというで、また夜になれば襲いかかってくるに違いない、和尚さまなんとか助けてくだされ」と震えながら助けを求めた。「とうとうやられましたか、この頃、この里にまでオオカミが出没するようになったと聞いてはいたが、しかも群れをなして襲ってくるとは……実に困ったものだ、うーん」と、和尚も腕を組んで考えてみたものの、いい考えは浮かばなかった。そこで、「急にはいい考えも浮かばないから、とりあえず孫だけは寺で預かりましょう」と言って、自分もオオカミに襲われるのを覚悟して老人の孫を預かった。

やがて夕方になったので、和尚はその孫を寺のお堂の奥深く隠して、自分も一緒にそこに潜んでいることにした。しばらくは何事もなく時が過ぎていったが、真夜中近くなった頃から、ウオーンと、遠くでオオカミが吠える声が聞こえてきた。和尚と子どもが息を潜めていると、オオカミの声は、二つ、三つ、五つと増えて、やがて、あっちからも、こっちからも闇の中で吠える声が聞こえてきて、お堂はオオカミの群れにすっかり取り囲まれてしまった。地を這うような低い声、今にも飛びかかってきそうな、けたたましい声、遠くの仲間を呼び寄せるようなかん高い声、闇の底からわきあがってきたような薄気味の悪い震え声……それらが一つになって、異様な声の群れとなって吠えたてるので、和尚と孫は生きた心地もしなかった。しかし、しばらくすると、急にオオカミたちの鳴き声が乱れ始めた、と思う間もなく壮絶な鳴き声になった。どうやら、何者かが現れ、オオカミとの壮絶な争いになったようだ。お堂の中で、和尚と孫はますます生きた心地もしなくなり、しっかりと抱き合って、息を殺していた。このすさまじい鳴き声は、いつ終わるともなく続いていたが、夜が白々と明けてきた頃に、ようやく静かになった。

朝になって和尚が、恐る恐るそっと外に出てみると、辺り一面、血の海になっていて、あちこちにのどを食いちぎられたオオカミの死骸が散らばっていた。あまりの惨状に和尚は声も出せないでいた。一方、真夜中のオオカミたちのすさまじい鳴き声が気になった里人たちが、朝になるのを待って、寺に集まってきたが、目の前に広がっている惨状をただ呆然と見つめるばかりで、いったい、そこで何が起こったのか誰もまったくわからなかった。そんなとき、一人の男が、「おお、みなの衆、あれを見るがいい！」と、お寺の入口の両脇に立っているコマ犬を指さした。見ると、左右二匹のコマ犬の口が、真っ赤な血に染まっていて、足も体も血と泥に覆われていた。しかもコマ犬たちは、夜明けが近づいていたこともあり、あわててもとの場所へ戻ろうとしてお互いに自分が立っていた場所を間違えてしまってい
た。勇敢で強い犬たちだったが、人々を恐怖から解放させて心を和ますために、わざと反対側に立ってみんなを笑わせようとしたものともいわれている。そのコマ犬は今でも、間違った位置に立ったまま、寺や里人たちを見守っているという。

【ひと口メモ】

犬は人間に忠実な動物で、飼い主に対する思い入れは「忠犬ハチ公」や「フランダースの犬」など、たくさん見られます。この話は、伊那地方に伝わっている「忠犬早太郎」の話を彷彿させるような話です。犬がいかに人間に忠実かということを、昔話に託して語られたものです。また、「犬の婿入り」「犬と猫の指輪」「馬と犬と猫とニワトリの旅行」などの違った雰囲気の犬の話も国際的な広がりを見せています。

金色のキジと金のツボ

昔、ある山村に金也とひかるという夫婦がいた。二人とも働き者で実に仲の良い夫婦だった。

ある晩、妻のひかるはこんな夢を見た。ひかるはいつものように金也と二人で田畑で仕事に精を出していた。しばらく夢中で土寄せをしていて、ふと金也に話しかけようと振り返ってみると、金也の姿が消えていた。（どうしたのでしょう？　今まで一緒に土寄せをしていたのに……）と、辺りを見回したが金也の姿はどこにもなかった。「金也さん、どこにいるのだね？」と何度呼んでも返事がない。もう一度、さらに大声で、「金也さーん」と呼ぶと「おー、ここにいるぞ」と、畑の前にある深草山の方から金也の声が返ってきた。ひかるは、その声の方へ走っていった。しかし、その後は金也の声はなくなってしまった。「金也さーん、どこにいるの？」大声で叫んでみたが、金也の返事はなく、辺りはシーンと静まりかえっているだけだった。ひかるは急に心細くなってしまった。あきらめて山を下りようとすると、近くで、ケン、ケン、ケンとキジの鳴き声がした。木立の隙間から見ると、なんと金色のキジが金色に咲き誇っている山吹の周りを鳴きながら回っていた。（なんて美しい

こと。金のキジだなんて）ひかるが夢中で見ていると、金色のキジは木陰に隠れてしまった。（きっとあの辺に何かがあるのだわ）とひかるはそう思ったが、肝心の金也がいないことが心配で仕方がなかった。そこで、ありったけの声で「金也さーん」と呼んでみたがどこからも金也の返事は返ってこなかった。そこでもう一度大声で、「金也さーん」と叫んだところで、ひかるは目を覚ました。（ふー、夢でよかった……）ホッとしたひかるだったが、次の晩もまた同じ夢を見た。さらにまた次の晩も。あまりに不思議だったので、ひかるは夢のことを金也に打ち明けた。

「金のキジだって？……三日も同じ夢を見るとなると、それは夢のお告げに違いない。きっと何かいいことがあるのだ」と金也が興奮した。「まさか？　でも？」ひかるも首を傾げた。「善は急げだ。さっそく明日、おらが金のキジを探しに行ってみよう」

次の朝、金也はひかるに夢に出た場所を詳しく聞いて、深草山に入った。ところが、ひかるに教わったとおりに来てみたが、どこにも金色の山吹は見当たらなかった。それでもと金也は、あちこち歩いてみたが金色のキジも金色の山吹の花も見つからなかった。仕方なく帰ろうとしたとき、ケン、ケン、ケンとキジの声高に鳴く声が聞こえてきた。急いで行ってみると、金色に咲いた山吹の花の後ろに金色のキジがたたずんでいた。（しめた！　あそこだ）金也が急いで来てみると、キジが飛び立った跡の土の下に何か光るものがあった。そっと掘ってみると、なんと黄金がぎっしり詰まった大きなツボが出てきた。金也はあまりの幸運にすっかり興奮してしまったが、すぐ持って帰るより、ひかるを連れてきてびっくりさせてやろうと、ツボをそこに埋めて大急ぎで帰った。それから、あっけにとられているひかるの手を引っぱって山に駆け上がった。藪をかき分けるようにして、その場所にやってきたが、どうしたことか黄金の山吹も金色のキジも、黄金の入ったツボも見当たらなかった（そんなばかな……）しょげかえっている金也にひかるが、「考えてみたら、私の夢は懸命に金也さんを探している夢でした。黄金など探してはいなかった。さんざん探した金也さんがここにいるのだからそれでいいのです。それが何よりの宝です。だからもういいから帰りましょう」それを聞いて金也はしょんぼりと笑ってうなずいた。

【ひと口メモ】

黄金は手に入りませんでしたが、もっと大切なものを確認できたという話です。この話は、安曇野児童文学会編の『白馬の民話』の中の「金のニワトリ」の話がもとになっています。この話では誰もが羨む黄金がいっぱい手に入る寸前でしたが、手には入りませんでした。手に入らなかったから、もっと大切な宝が手に入りました。黄金が手に入っていたら、二人の生活はどうなっていたでしょうか？　もっと大切なものを知らずに終わっていたでしょう。

子ども好きな神さま

昔、信濃の国のある村に、小さな神社があった。神社の奥にある扉の中には、御神体の小さな木像が大切に祀られていた。小さな神社だったが、境内はけっこう広い庭になっていて、子どもたちの遊び場にはもってこいの場所だった。子どもたちは天気さえよければ毎日集まってきて、縄跳びや石蹴り、鬼ごっこなどをして遊んでいた。

そんなある日、いつものように子どもたちが神社に集まって遊んでいたが、退屈になってきた。そこで、みんなで「神社の中に入ってみよう」ということになって、そっと戸を開けて神社の中に入りこんだ。それから、いつも閉め切っているいちばん奥にある神殿の小さな扉をこじ開けてみた。中には小さな木像の神さまが立っていた。「小さな神さまが入っているけど、一人で寂しそうだよ。ちょっと外へ出してやろうよ」ということになった。いたずら好きの文太が木像の神さまを外に持ち出した。「おい、外に出たら神さまが笑ったぞ」と、文太が不思議そうに言った。「そんなばかなことがあるもんか」とみんなが笑った。文太は首を傾げたが、自分の見間違いと思ってだまった。みんなは埃まみれになっていた神さまを川で洗ってから、神さまをリレーのバトン代わりにして、走りっこを始めた。夢中で競争をしているうちに、誤って、木像の神さまを落として大騒ぎになった。子どもたちの遊ぶ声があまりにもうるさいので、近くに住んでいる松五郎爺さんが来て、びっくりした。子どもたちが神社の大切な御神体を、勝手に持ち出して遊びの道具にしているではないか。「おい、こら！　このいたずらガキども、お前たちはなんという恐ろしいことをしているのじゃ、神社の大切な御神体を持ち出して遊ぶなど大罰当たりだ。とんでもないことだ」と顔を真っ赤にして怒ってきた。子どもたちはびっくりして、あわてて御神体の木像をもとの場所に返して、みんなしょんぼりして家に帰っていった。帰り道で文太が「神さまをもとの場所に返したら、神さまが切ない顔をしてたよ」と言うと、「うんうん、きっとそう

だよ、走りっこをしていたら嬉しそうに笑っていたよ。神さまも喜んでいたのに」とみんなが言った。

　さて、次の日、松五郎爺さんが目を覚まして起きようとしたが、どうしたのか、体が硬くなって起きることができなかった。「別にどこも悪くはないが、いったいどうしたというのだ？」あまりにも不思議なことだったので、松五郎爺さんは町の占い師を呼んでみてもらった。占い師は、しばらく首を傾げて考えていたが、「これは、神さまが怒っておられるからです。何か神さまの気にさわるようなことはなかったですか？　思い当たることはありませんか？」と言う。松五郎爺さんは、昨日の子どもたちと遊んでいた神さまのことが、ふと頭をよぎった。（もしかしたら、あのとき神さまは喜んでおられたのかも……）と思った。するとしたら、体が少し動くようになった。確信した松五郎爺さんは、さっそく子どもたちを集めて、神さまを出して、子どもたちが見える場所に置いてみた。すると、悲しげだった顔がはちきれそうな笑顔になった。「そうか、この神さまは子どもたちと一緒にいたかったのだ」松五郎爺さんは、さっそく、そのことを村のみんなに話した。そこで、神さまが閉じ込められていた小さな扉を開いて、子どもたちが楽しそうに遊ぶようすがいつでも見られるように、扉を開きっぱなしにした。すると悲しそうだった神さまの顔が笑顔に変わった。

　それ以来、この神社の御神体の扉はいつでも開けっぱなしにするようになった。

【ひと口メモ】

実に人間らしい神さまの登場です。この話は神体とか仏像に対する考え方を、変えなければという問題を投げかけています。長野の善光寺では七年に一度、ご開帳が行われます。二〇一五年は北陸新幹線の開通もあって、大変にぎわいました。なぜ、毎年、いや毎日ご開帳ではいけないのか、神さまや仏さまを扉の奥に閉じこめて、なぜ人から遠ざけてしまうのか？　そんな率直な疑問を投げかけたくなるような、すがすがしい話になっています。

怪力・雷電太郎

昔、信濃の国のある村に雷電太郎という力持ちの男がいた。太郎は子どもの頃から抜きん出た力持ちで、子どもはおろか、大人でもとても敵わないほどだった。そんな太郎だったので、成長するにつれて、その力はますます並外れたものになり、みんなが恐怖さえ感じるようになってしまった。そんな太郎だったが、根は優しいので、みんなが自分を恐れているのが何よりもつらかった。

ある年、大雨と台風とで、村から町へと続くただ一本の道の橋が流されてしまった。村人たちが困り果てていると、雷電太郎が山へ行って、ひと抱えもあるような太い木を三本も倒して、たやすく橋を作ってしまった。それを見た村人は、「太郎はわしらの村にはなくてはならぬ男じゃ」と、すっかり太郎に親しみを感じるようになった。太郎にとって、それは何よりも嬉しいことだった。太郎の力がみんなの役に立つことがたび重なって、怪力・雷電太郎の名は遠くの村や町にまで知られるようになっていった。

さて、そんなある日、雷電太郎の噂を聞いて、一人の力自慢の大男が村へやってきた。男は、「力では誰にも負けることは絶対にない」と豪語していたが、雷電太郎ばかりが噂になって、自分が一向に噂にならないことを怒って、太郎をねじ伏せてやろうと、わざわざ難波からやってきたのだった。太郎を見ると、「ちょいと尋ねるが、この辺りに力自慢の雷電太郎というやからがいると聞いたが、わしは、そやつと力比べをしにやってきたところじゃ。そやつの家を知らぬか？」と尋ねてきた。太郎は（こんなところで、こんな男と争えば、村の衆に迷惑がかかってしまう）と思って、「師匠の家はここですが、あいにく、師匠は所用で出かけて留守です。私は弟子の力三郎という者です、よかったら弟子の私がお相手をしましょうか？」と言うと、大男は、「ワハハハ、わしは雷電太郎と決着をつけたいだけじゃ、雑魚どもを相手にする気などさらさらない……しかし、お前が望むなら、手始めに相手をしてやってもいいだろう」と言ってまた笑いこけた。

「それでは、こんなところでは、周りのみなさんに迷惑になるし、狭すぎて力比べはできません。山に行って思う存分やってみましょう」と言うと、力自慢の大男も同意した。二人はさっそく山に登った。ちょっとした広場に出たところで、難波の力自慢の大男は、木の下で草を食んでいる馬を見つけた。「まず、手始めじゃ」と言うが早いか、その馬の両脚をつかむと、そのまま軽々と持ち上げてしまった。「まあこんなものじゃ、お前はどうじゃ？」と言うので、太郎は、「ここではまだ狭くていけません。もう少し広くしましょう」と言うと、周りに茂っていた松の大木を引っこ抜いて倒し、家ほどもある巨大な岩をひょいと持ち上げて、崖下へ放り投げてしまった。「さあ、それでは始めましょうか……」と太郎がゆっくりふり向いてみると、なんと、あれほど自慢げだった大男は、後ろも見ずに、山を駆け下りていくところだった。難波の大男は、弟子でさえあの力では、雷電太郎はどれだけの力があるのかと思うと、空恐ろしくなって一目散に逃げ出してしまったのだった。

雷電太郎は、力だけでなく、人一倍思いやりと知恵もあったのだった。

【ひと口メモ】

信州出身の怪力大関・雷電為右衛門という力士がいたことは知られていますが、この話はその雷電を頭に描いての話のようです。昔話には、相手の本当の力を知らないままに、恐れを抱いて逃げてしまう、という話は意外に多くあります。また、相手の力を見くびったために、やられたり、だまされたりしてしまう話も多くあります。「自分だけは絶対に負けない」の危うさです。弱点をついたり、つかれたりしながら物語が展開するものもありますが、どんなに能力がすぐれていても安心できないのが現実です。力自慢の主人公の話としては、「金太郎」「ダイダラボッチ」「雷電為右衛門」など多くあります。

キツネの使者

昔、南信濃の園原に、広い藪原があった。山間で耕作地の少ない村人たちは、この藪原で作物を作ろうと、総出で開墾に精をだした。

そのおかげで、一年足らずで荒れ果てていた藪原は見違えるほどきれいな耕地に変わった。春になったので、村人たちはさっそく種を蒔こうと耕地にやってきてみると、土地の周りが厳重に囲まれて入ることができなくなっていた。長者の伏屋吉次が、そこを自分のものだと言ってきたのだった。「ここは昔から、みんなの入会地だった。長者の土地などではない」「みんなが一年もかかって開墾しているときには何も言わずして、きれいに出来上がったとたんにこの地が欲しくなったのだ」と、みんなは長者の吉次を非難したが、みんな少なからず長者の世話になっているので、面と向かっては誰も反発できなかった。しかし、そのまま黙っていれば、村の土地がみんな長者のものになってしまう。「こうなったら、江戸のお役人に訴えるしかなかろう」と、村人たちは密かに相談して決めた。しかし、そうなれば長者も訴訟に持ちこむことは明らかだった。長者は、袖の下をたんまり握らせて、自分の土地にしてしまうという不安があった。村人たちは、何としても長者より早く訴え出なくてはならない。

さて、訴状を持って誰が江戸まで届けるかということになると、みんな黙ってしまった。みるに見かねたか、泰三という若者が「俺が行こう、若いから大丈夫だ」と名乗りでた。「おお、それはありがたい。しっかり頼むぞ、村の衆の命がかかっておるから頼むぞ」と、村の衆に見送られて、泰三は江戸を目指して園原を後にした。

泰三は黙々と歩き続け、何日かして、ようやく相模の国にやってきた。若い泰三だったが、さすがに疲れ果ててしまった。旅籠で作ってくれたにぎりめしを食べようと、ふと見ると、すぐ近くの木の下に、キツネが横たわっていた。キツネは病に倒れたようだった。泰三が哀れに思って、にぎりめしを与えると、キツネは嬉しそうに太い尻尾を振って喜んだ。「しっかり休んで、元気になるのだぞ」泰三が食べる分のにぎりめしがなくなってしまった。

しかたなく、そこに横になって休んでいたが、いつの間にか眠りこんでしまった。夕方になってやっと泰三は目を覚ました。辺りを見ると、あのキツネはどこかへ姿を消していた。「これは寝すぎた。早く行かねば。村の衆の命がかかっているで……」と立ち上がって、ふと懐に手を入れてみると、なんと大切な訴状がなくなっていた。泰三の顔色が変わったが、（たとえ訴状がなくても、直接訴えなくては……）と体にムチ打って、歩き、やっとのことで江戸までやってきた。江戸の役所に着いて、泰三が「信濃の国、園原からやってまいりました使いの泰三と申します」と息せき切って言うと、「おお、お前が信濃の国の泰三か……うんうん、その件に関しては、もう若者が届けていった。実に立派な若者だった。訴状にあった園原の地は、調べた結果、確かに村の土地に間違いない」ということだった。泰三は（若者とは途中でにぎりめしをあげたあのキツネに違いない）と確信した。泰三は帰り道で稲荷の神社を見つけたので、そこへもにぎりめしを供えて帰った。

村人たちが精をだして開墾した土地が村民のものになったのはいうまでもない。

【ひと口メモ】

「動物報恩」の話です。昔は土地争い、水争いはどこにもありました。特に土地の境界争いは今に至っても続いています。キツネは稲荷の使いといわれて、信仰を集めてきましたが、その一方で、人に化けたり、人を化かしたりするともいわれてきました。この話の場合は、親切を受けたキツネが使者に化けてくれたおかげで多くの村民が助かったということで、キツネの恩返しです。人間はもちろん動物でも、相手を思いやれば相手も思いやってくれるという話です。

糸屋の小さな婆さま

昔、ある町に糸屋があった。

この糸屋は、糸を売るだけではなく、いろいろなものの修理も請け負っていた。

その日も、糸屋の小僧が頼まれた唐傘の修理をしていたが、傘の骨に糸を通そうとしているうちに、とうとう糸がこんがらがって、どうにもならなくなってしまった。小僧が困り果てていると、どこからか小さな婆さんがひょっこり現れて「かわいそうに困っているようだで、糸をほどいてやるに……」と言って、こんがらがっていた糸を難なくほどいてしまった。小僧が喜んで礼を言おうと振り向くと、もうそこには誰もいなかった。「おかしいなあ」首を傾げた小僧だったが、どこかで見たような婆さまのような気がした。（ああそうだ、座敷にある置物の婆さまに似ていた）そう思って、小僧がさっそく座敷に行ってみると、いつものように婆さまの置物があったが、なんとなく笑っているように見えた。（まさか？）と小僧はびっくりしたが、「置物の婆さまが？　そんなバカな……」と、そのことはいつか忘れてしまった。

それからいく日か過ぎたある晩、真夜中に糸屋に泥棒が忍びこんできた。みんながぐっすり寝静まったときだったので、泥棒は大きな風呂敷に盗品をいっぱい詰めこんで、それを背負って立ち上がろうとしたが、どうしたことか盗品が重くて、立ち上がれない。「おかしいな」と、少し盗品を少なくしてみたが、それでも立ち上がれなかった。「そんなバカな？」あまりにも不思議だったが、泥棒は仕方なく盗品の入った風呂敷包みを置いたまま、何も盗らずに急いで逃げていってしまった。すると、泥棒の風呂敷の中から、小さな婆さまがピョンと飛び出してきた。置物の婆さまだった。婆さまは風呂敷の包みを糸でしっかり柱に結びつけてしまっていたのだった。泥棒がいなくなったので、婆さまは安心して姿を消していった。

またあるとき、糸屋の末の娘が外で遊んでいたが、どうしたことか夜になっても帰ってこなかった。みんなが心配していると、「ただいま……ああ楽しかった」と言って、にこにこ笑いながら帰ってきた。「みんなが心配していたに、いったいどこへ行っていただね？」と聞くと、「うちの小さなお婆さんと一緒に町へ行ってきた。珍しいものをいっぱい見てきたよ」といかにも嬉しそうに言う。「家の婆さんって？　家には婆さまなどはいないに……」みんなが首を傾げていたが、娘はすっかり満足したようすで、鼻歌を歌いながら自分の部屋に入っていってしまった。

それからしばらくしたある日、近所のおかみさんが糸屋にお茶を飲みにきて、ふと座敷にある婆さまの像を見て、「あれ、珍しいこと、この家にはお婆さまの置物があるのですね、実は私の家にはお爺さまの置物があるんですよ」と言って、珍しそうに婆さまの置物を見て帰った。

さて、次の朝、家の小僧が座敷に行ってみると、いつもあるはずの婆さまの像が消えていた。婆さまの置物は、夜中にそっと家を出て、爺さまの置物がある近所の家に行って、ちゃっかり爺さまの置物の横にすまして座っていた。糸屋の小僧が、何度も家出した婆さまの置物を糸屋の座敷に戻しても、いつの間にか、爺さまの横に戻ってしまう。

糸屋も婆さまの気持ちを知って、もう婆さまの置物を取りに行くことをやめたという。

【ひと口メモ】

糸屋のためにあんなに尽くした婆さまだったのに、やはり一人暮らしが寂しかったのでしょう。爺さまが一人でいると聞いたとたんに、糸屋のことなど一切忘れて、爺さまのもとへ走るという人間の心理を置物に託して表した面白い話です。年齢のことはともかく、いつもは賢く、冷静な人でも、いったん恋に落ちるとがらりと変身して恋に狂ってしまうということでしょう。実際に、恋愛関係で人生を台無しにしてしまったという話は、いくらでもあります。人間の心理というものは、恋をしたとたんに、大きく変わってしまうということです。

女金太郎

昔、山村の寺にお京という娘がいた。体が大きく気の強い娘だったが、ふだんは優しい、とてもおしとやかな娘だった。

そんなお京がある日、山へ一人でワラビを採りに行ったが、知らず知らずのうちに、山奥へ入りこんでしまった。気がついたときにはすっかり夕方になって、すでに辺りは薄暗くなってしまっていた。「いけない、いけない、早く帰らなくては」と、お京が急いで山道を下り始めると、大木の枝から、突然赤鬼が飛び降りてきて、お京の行く手をふさいでしまった。普通の娘なら、目の前に鬼が出てくれば、気絶でもしてしまうか、大声で泣き叫ぶところだったが、もともと気の強いお京は逆に鬼をにらみつけたので、鬼のほうがびっくりしてしまった。「なんと気の強い女子《おなご》か、感心した。いや、気に入った。よし、この俺の体の中にみなぎっている鬼力をすべてお前にくれてやることにしよう。わしも、年老いてきた。鬼力がなくならぬうちに、誰かに力を譲ろうと思っていたところだった。お前こそ、それにふさわしい女子じゃ」と言いながら、赤鬼は丸太のような太い手をお京の前に差し出して、「さあ、この手をしっかり握るのだ」と言う。言われるままにお京がその太い手を握ると、な

んと鬼の力がグイグイ体に入ってくるのがわかった。こうしてお京は、たちまち力持ちになった。
　ある日、お京が山門近くの谷川で洗濯をしていると、顔中髭だらけの大男がやってきた。刀を差して、目つきは鋭く、いかにも力がありそうな大男だった。「おい、女、聞くところによると、お前はバカ力の持ち主だそうだが、どうだい、ひとつ俺と力比べをする気はあるかい？」とからかった。「はい、お望みなら」と言いながら洗濯をしていた大きな布を出して、「それではお侍さま、私は、こっちの端を持つで、お侍さまはそっちの端を持っておくれ、それでは、お侍さまから先に絞っておくれ、私がこらえきれなかったらお侍さんの勝ち……」「よし、わかった、そ

れでは」と大男は満身の力をこめて絞り始めたが、お京は平気で布を持ちこたえた。次にお京が布を絞り始めた。お京がグイグイ力を入れて絞ると大男は、顔を真っ赤にしてこらえていたが、とうとうこらえきれなくなって、布の端を持ったまま、グルグルと大きな体が回りだしてしまった。お京のあまりの力に、力自慢の大男は目を回して声もなく一目散にどこかへ逃げていってしまった。

それからしばらくして、梅雨の季節がやってきた。毎日毎日、雨が降って、村の中を流れる大川が増水し始めた。みんなが心配しているうちに、とうとう堤防に穴があいてしまった。堤防にあいた穴は、みるみる大きくなって、村が濁流に襲われるのは時間の問題になってしまった。そんな状況を見ていたお京が、土手伝いに歩きだした。堤防の上に大きな岩があったが、お京はその岩の前に行くと、大きく息を吸って、なんと、その大岩を転がし始めた。少しずつ転がして、決壊した穴の上まで運んでくると、その穴めがけて大岩を転がした。大岩は見事に決壊した穴にピタリとはまって、見事に穴を埋めて濁流を止めてしまった。危機一髪というところで、お京の力で村は救われた。それ以後は、村人たちはお京を足柄山で熊と相撲をとった力持ちの金太郎にちなんで、「女金太郎」といって敬うようになったという。

【ひと口メモ】

この話は上州（群馬県）に伝わっている話がもとになっています。昔話には、男の力持ちは実に多く登場しますが、女の力持ちの話はほとんどありません。そんなことからも、この話は珍しいといえます。この話のお京は、鬼からパワーをもらったということで、実際には「鬼女」になったわけですが、鬼というマイナス面は出さず、あくまで鬼ほどの力を持った女としてのプラス面で展開していきます。鬼女でありながら、気（鬼）は優しくて力持ちという素晴らしい人間の姿で通しているところが嬉しいところです。

あとがき

　この「読み聞かせシリーズ」の昔話も早いもので、今回で五巻になりました。ほおずき書籍木戸ひろしさんのご配慮で、すでに三百話ほどの昔話を紹介させていただきました。ところで今、「昔話とは何ぞや」などとあらためて考えています。

昔話は、ほとんどが作者不明で、しかも虚構の世界の話になっていますので、現実の世界では味わうことができない異世界へと旅することができます。それだけに興味津々な話がいっぱいです。私は、世に伝わっている昔話に出会うたびに嬉しいのですが、何か物足りない、欲求不満のようなものを感じていました。興味は十分あるのですが……そこには「何か訴えるものがない」ということだと私は思います。得るものがなくても、面白ければいいとする考え方もあります。第一段階では、それでもいいとも言えますが、話の中に「読んだ人の人生に、何か力を与えるもの、何かを感じさせるもの、何かの足しになるもの」ひと口で言えば、読んでプラスになるものがなければ昔話の文学的な価値は薄くなってしまいます。

立派なタイトルの厚い本を苦労して読み終えて感じる意義は大切なものですが、昔話を一つ読むだけでそれに負けないほどの意義を得ることができる。そんな話を私は昔話の中に求めたいと思っています。

「昔話には心にとめる宝物がある」と……。

昔話の中からそんな宝物を探し出すのも楽しい作業だと思います。この本では一つの話ごとにつけ加えた「ひと口メモ」がありますので、参考に宝物探しをしていただければ幸いです。

今回も、ほおずき書籍のスタッフのみなさまには大変お世話になりました。この場をお借りしてお礼申し上げます。

小沢さとし

平成二十八年九月

著者紹介

小沢 さとし（おざわ　さとし）

1938年、長野県上伊那郡箕輪町生まれ。日本文芸家協会会員、美空ひばり資料館館長。著書に『まぼろしのヤマタイ国』『新酒呑童子』『先生こっちへおいでよ』『子ブナのぼうけん』『民話の森』（以上、総和社）、『青空大将』（産経出版社・児童文芸新人賞）、『こども日本の歴史』（ポプラ社）、『伊那谷の昔話』（一草舎）、『ちょっと笑える昔ばなし１、２』（ほおずき書籍）などの童心文学書のほかに、『孝行猿の話』『仁王さまとキツネ』『旅の坊さん』（以上、郷土出版社）、『絵本・伊那谷ものがたり』（全10巻・白鳥舎）などの絵本、『和睦』『神之峰はるか』（以上、郷土出版社）、『黒潮物語』（塚原健二郎文学賞）『もうひとりの美空ひばり』（以上、総和社）、『松井須磨子物語』（ほおずき書籍）などの一般書がある。長野日報に「今は昔のものがたり」を連載中。

ちょっとほのぼのする昔ばなし

2016年９月22日　発行

著　者　小沢さとし
発行者　木戸ひろし
発行所　ほおずき書籍株式会社
〒381-0012　長野市柳原2133-5
TEL（026）244-0235㈹
web http://www.hoozuki.co.jp/
発売元　株式会社星雲社
〒112-0012　東京都文京区大塚3-21-10
TEL（03）3947-1021

・落丁・乱丁本は、発行所宛に御送付ください。
送料小社負担にてお取り替えいたします。

・定価はカバーに表示
ISBN978-4-434-22476-8